Gotha City

Enquête sur le pouvoir discret des aristos

ÉDITIONS DU MOMENT
26 avenue Marceau
75008 Paris
www.editionsdumoment.com

Laure de Charette
Benoist Simmat

Gotha City

Enquête sur le pouvoir discret des aristos

LES ÉDITIONS DU MOMENT

Des mêmes auteurs

Laure de Charette

Le guide des bécébranchés, avec Jean-Baptiste Giraud, Flore Ozanne, et Inès Lacaille, L'Archipel, 2009.

Benoist Simmat

Ségolène Royal, la dame aux deux visages, avec Aymeric Mantoux, L'Archipel, 2006.

NRJ, l'empire des ondes, avec Aymeric Mantoux, Mille et une nuits, 2008.

In vino satanas !, avec Denis Saverost, Albin Michel, 2008.

« Nous possédons la seule chose qui ne s'achète pas ».

Jean d'Ormesson, *Au plaisir ae Dieu* (Gallimard, 1980).

Prologue

AU JOCKEY

La marche du temps s'interrompt aussitôt franchie la lourde porte anonyme du 2 rue Rabelais, à quelques encablures de l'Élysée. Le hall d'entrée, sombre, impose au regard une immense double tenture bleu nuit, la couleur des monarques. Dans un silence impressionnant, on gagne pas à pas un escalier monumental. L'espace d'un instant, la vision des patronymes « morts pour la France », gravés sur une vaste plaque de marbre, saisit, comme à la lecture d'un livre d'histoire : Vogüé, Polignac, Rohan, Walewski, Carayon de La Tour, Pozzo di Borgo, Costa de Beauregard, d'Argenson, des Cars...

Quelques pas étouffés par l'épaisse moquette verte et rouge un peu passée, et nous voici parmi eux. Le premier étage est celui des salons, à gauche, et de la vaste bibliothèque, sur la droite. Ces messieurs – des messieurs uniquement, la présence des femmes est interdite – apprécient les fauteuils profonds en tissu neutre, la décoration tirant sur un vert clair usé, les majordomes en gants blancs, les trente-deux mille volumes à disposition, ainsi que la presse du jour. Mais surtout, ils aiment se retrouver entre eux, entre soi, entre membres d'une caste qui ne se coopte que sur un seul critère : la naissance.

Un sujet qu'ils maîtrisent parfaitement, la naissance. Pour se reconnaître, se déclarer éventuellement cousins, ou tout simplement tenir un sujet de conversation inépuisable, ces Boissieu, ces Brantes, Broglie (prononcer Breuil), Burin des Roziers, ces Chandon-Moët, Clermont-Tonnerre, d'Estienne d'Orves, Feydeau de Saint-Christophe, ces Maistre, Menthon, Mesnil du Buisson, ces d'Ornano, Pracomtal, Ribes, Scitivaux de Greische, Wildenstein, ou encore Vignaud de Villefort des Vories, tous ces noms – souvent à rallonge – qui ont fait l'histoire de France, savent tous parfaitement qui est qui.

Bienvenu au Jockey Club, le cercle le plus « fermé » de France, si l'on en croit les descriptions de Marcel Proust[1] ou les simples usages de l'élite française du XXIe siècle. Fermé car les mille deux cents membres doivent prouver leurs quartiers de noblesse – noblesse de robe, d'épée, d'Empire ou même « pontificale », mais noblesse patentée – afin d'espérer pouvoir être éventuellement élus par leurs pairs, puis s'acquitter des deux mille euros de cotisation annuelle donnant accès à cet ultra-sélect premier étage. Une élite fermée, donc, mais très ouverte sur le monde, le pays, la mondialisation. Ici, Henri de Castries (prononcer Castre), président d'Axa, un des premiers assureurs mondiaux, vient parfois en voisin (un des sièges de la multinationale est à trois cents mètres) retrouver son camarade de prépa HEC Jean-Dominique Sénard, co-gérant du groupe Michelin, également leader mondial de sa spécialité, les fameux pneumatiques. Demain, peut-être, ce sera Jean-Charles de Yturbe, vice-président du groupe Havas, un homme de la galaxie Bolloré et – ce n'est pas accessoire – très grand amateur de vin et de table, qui viendra déjeuner avec son ami David de Rothschild, patron d'une des premières entités de banques

1. Dans *À la recherche du temps perdu.*

d'affaires françaises, Rothschild & Cie et NM Rothschild & Sons. À moins que ce ne soit Amaury de Sèze, récemment nommé à l'un des plus hauts postes de la distribution mondiale : président du conseil de surveillance du groupe Carrefour.

Des comtes et barons sont nombreux dans le business, mais aussi en politique. Le diplomate Hélie de Noailles (un duc), membre du Conseil des affaires étrangères – très méconnu « département d'État » à la française – peut à loisir discuter du service de l'État avec l'élégant vice-président du Sénat, Roland du Luart, également vice-président du Jockey ; ou même avec le conseiller d'État devenu banquier Jean-Frédéric de Leusse, voire le contrôleur général des armées Charles-Henri Dunoyer de Noirmont. Économie, politique, diplomatie, défense, mais aussi univers du luxe, du patrimoine, de l'art... Tous les domaines qui comptent sont représentés au Jockey. Olivier de Rohan, président de la célèbre Société des amis de Versailles, compte parmi ces influents dont le seul souci est de prendre le temps d'honorer le Cercle de leur présence.

La plupart du temps, c'est par affinités que ces messieurs prolongent le traditionnel apéritif du midi par un repas au deuxième étage où se trouve la salle à manger des membres.

À la table du Jockey, le repas prend des allures de liturgie. Qui a son rituel : « *Nous commençons souvent par une coupe de champagne, c'est très important le champagne. D'ailleurs j'ai remarqué que depuis le début de la crise financière la consommation avait beaucoup augmenté au Jockey* » explique François de Cossé-Brissac, treizième duc de Brissac, président du Cercle du Jockey Club (c'est son nom officiel) depuis plus de dix ans[1].

1. Entretien avec l'un des auteurs.

Élégance surannée, bagout moderne, dynamisme spontané de l'ancien chef d'entreprise, « Brissac », reconduit chaque année dans ses fonctions, règne sur son petit monde avec une belle énergie malgré ses quatre-vingts printemps. C'est la règle : les familles comptant des ducs qui se succèdent à la prestigieuse fonction. Les La Rochefoucauld, avec Alexandre, duc d'Estissac, ou Armand, duc de Doudeauville, les Fezensac, les Luynes... Un impeccable « *Monsieur le duc est servi* » fait bondir l'actuel titulaire de son fauteuil pour passer à table en même temps que tous les membres présents aujourd'hui dans les salons adjacents. Le décorum est immuable : nappe matelassée, serviette tiédie, porcelaine aux armes du club (un buste chevalin), service à la française pour tous les plats, argenterie Saint Hilaire, pouilly-fumé de rigueur pour le blanc, grand médoc âgé pour le rouge... Ce qui pourrait être guindé devient un moment agréable, hors du temps. Le Jockey a installé ses cuisines dans les combles du grenier pour ne jamais, jamais, importuner ses membres avec des odeurs de cuisson. La cave possède les millésimes importants de chacun des grands crus classés de bordeaux. Pendant le repas, les membres, par deux, par quatre, ne parlent pas affaires, encore moins argent, ce serait vulgaire. « *Nous évoquons l'éventuelle reconstruction du palais des Tuileries. C'est un peu polémique, un peu superficiel, un peu historique, typique du Jockey en somme !* » souffle l'un d'eux[1]. Ces messieurs ont leurs habitudes pour retrouver le midi – quand leur emploi du temps le leur permet – avant tout leurs amis. Ils règlent plutôt leurs affaires au café, c'est plus rapide et plus discret. Ici, on n'échange jamais de carte de visite. Loin de la crise financière, loin de la réforme de l'État

1. Entretien avec l'un des auteurs.

ou d'une élection ratée, le silence, de la coupe – un excellent Ruinart bien entendu – jusqu'au café, le silence s'avère toujours aussi déstabilisant.

Cette quiétude totalement anachronique, voilà paradoxalement ce que recherche la jeune génération accédant aujourd'hui au cercle le plus exclusif de Paris. « *Ne vous y trompez pas,* s'amuse le duc de Brissac, *ici des jeunes entrent chaque année, et ce sont eux les plus attachés aux traditions.* » Voilà pourquoi aucun des innombrables tableaux ou lithographies représentant des scènes de course équestre – le Jockey fut fondé en 1834 par des aristocrates mordus d'amélioration chevaline – n'ont jamais été décrochés. Ces impétrants, des quadras ou des quinquas, ont accédé aux plus belles carrières qui se font de plus en plus dans le « business ». Il y a Stanislas de Bentzmann, quarante-sept ans, cofondateur, avec son frère Godefroy, de Devoteam, leader européen du conseil informatique ; Bruno de Pampelonne, cinquante ans, dont le véritable patronyme est Geis de Guyon de Pampelonne, ex-président de Merrill Lynch France, qui vient de fonder Tikehau, sa propre banque d'investissement ; Arnaud de Contades, fils du marquis Arnold, jeune patron – à moins de quarante ans ! – du groupe de presse Marie-Claire.

Tous, comme leurs aînés, cherchent à s'approprier le calendrier unique d'un club « aristo » à l'anglaise au cœur de la République. Deux fois par an, la tribu du Jockey se retrouve au grand complet : en juin pour le célèbre prix équestre – le prix du Jockey Club – et au début de l'automne pour le traditionnel apéritif servi par le Bureau du Cercle. Régulièrement, les membres enverront leurs rejetons s'encanailler dans des rallyes donnés au bar rez-de-chaussée du Jockey. La jeunesse aristo peut sortir tranquille : la rue Rabelais, en raison de la présence de l'ambassade d'Israël en face du Jockey, est fermée jour et nuit par deux compagnies de CRS !

Étranges membres du Jockey... Aucun ne le dira ainsi, mais ils possèdent en commun ce sentiment de supériorité que leur a légué leurs familles et, surtout, l'élection la plus exigeante qui soit. Pour présenter ses quartiers de noblesse au Jockey, le candidat doit obligatoirement être soutenu par deux parrains qui feront campagne pour lui pendant de longues semaines dans le chuchotement des conversations feutrées. Le jour J, ces messieurs se succèdent dans le grand salon pour déposer dans une urne une boule blanche, exprimant leur acquiescement, ou une noire, refusant l'accession au cercle. Une seule boule noire annulant cinq blanches, il faut donc emporter 84 % des voix minimum. S'il constate qu'un candidat a peu de chances d'être élu, le duc aux commandes du Jockey peut s'arranger pour reporter *sine die* l'élection d'un poulain, afin de préserver son honneur. En 2008, deux candidats se sont fait « blackbouler » – la méthode utilisée est étonnamment la même que dans le rite franc-maçon –, mais leurs noms relèvent du secret. Accéder au seul cercle recrutant des « lignées » est une croisade que les nombreux héritiers de la noblesse française seront encore longtemps nombreux à tenter.

La porte se ferme sur le Jockey. Un monde s'ouvre, un monde de pouvoir, une cité informelle de relations, d'entre-soi, de discrétion, un réseau pas comme les autres : celui des aristocrates français du XXIe siècle, Gotha City.

I

BIENVENUE CHEZ LES GRANDES FAMILLES

Où l'on apprend que le marquis de Sade serait fier de deux de ses descendants : le comte Henri de Castries et son lointain cousin le marquis Henri de Raincourt. Que Nicolas Sarkozy (de Nagy Bocsa) pourrait bien prétendre au Jockey Club, ce qui n'est pas le cas de son ennemi juré Dominique (Galouzeau) de Villepin. Des imposteurs au Bottin Mondain ? *Quand Charles-André de Brissac se déguise en marquis pour la télévision japonaise...*

Dans le grand salon, un buste de Marie-Antoinette fixe un portrait de Louis XVI, son défunt mari. Parquet en point de Hongrie, moulures en stuc, quatre mètres de hauteur sous plafond : l'appartement où l'Association d'entraide de la noblesse française (ANF) s'est installée est typique des quartiers chics parisiens. Un monsieur frôlant les soixante-dix ans vous ouvre la porte, vous demande de patienter, et finalement, ce sont les comtes Stephen de Chappedelaine et Pierre de Raffin, tous deux dotés d'une cravate bleu marine rayée d'un liseré rouge et vert aux couleurs du Jockey Club, qui vous entraînent dans leur bureau. Le temps d'un discret baisemain à une bénévole et ils mettent la bouilloire en route pour le café du matin. C'est ici, au 9 rue du Chevalier de Saint-Georges – un nom de rue très chic obtenu après un intense lobbying auprès du maire socialiste

Bertrand Delanoë, en hommage à ce violoniste guadeloupéen hors pair qui joua pour Marie-Antoinette – qu'officient plusieurs commissaires aux preuves. Leur mission ? Séparer le bon grain de l'ivraie. C'est-à-dire extraire les trois mille cinq cents familles authentiquement nobles des cinq mille cinq cents d'apparence noble. Les premiers, les « vrais » aux yeux des limiers de l'ANF, ont un ancêtre qui fut anobli par un roi ou l'un de nos deux empereurs et ont hérité de cette qualité grâce à leur père biologique (la noblesse ne se transmet que par le sexe fort, les enfants adoptés ne deviennent pas nobles). Eux peuvent intégrer l'ANF, cette association née en 1932, quelques années après le krach boursier de 1929, pour venir en aide aux aristocrates fauchés. Au premier étage de l'immeuble haussmannien, le « vestiaire » met d'ailleurs toujours à disposition des vêtements pour bébé, des robes de cocktail rose fuchsia, avec le chapeau raccord, ou plus simplement le frac de mariage. Nous sommes loin des hangars Emmaüs ouverts au peuple. Même sans le sou, il faut tenir son rang.

À l'inverse, les « faux » aristocrates, dotés d'une particule sans jamais avoir été anoblis par personne, sont boutés sans ménagement hors du saint des saints. Pour établir cette subtile distinction – dont nous ne discuterons pas ici – les experts se plongent, avec une infinie patience, dans la centaine d'ouvrages aux pages fragiles, rangés dans la bibliothèque. Un travail d'orfèvre. Les Sénard, Delamalle, Decazes, Hottinguer, comme le comte Begouën ou le prince Murat, sont d'authentiques aristocrates, quoique privés de particule, tandis que Patrick de Carolis, Louis Giscard d'Estaing n'ont, sur le parchemin, pas une goutte de sang bleu dans les veines. Au premier abord, qui cela gêne-t-il ?

Comme l'écrit l'historien François Bluche dans son roman *Les faux nobles*[1] : « *Le vrai noble ne s'est donné que la peine de naître. Le faux noble s'est donné, lui, un mal de chien pour répondre à sa vocation aristocratique. Après s'être choisi un nom à particule, il lui a fallu trouver une chevalière à porter, acheter quelques tableaux de prétendus ancêtres, puis devenir golfeur, chasseur et propriétaire foncier, entrer au* Bottin Mondain, *apprendre les codes sociaux qui révèlent une éducation.* » À le lire, il n'y aurait pas plus noble que le faux noble ! Les Britanniques, peuple qui tient l'aristocratie en haute estime, ne disent rien d'autre dans leur savoureuse formule : « *If it has taken to walk, quack and swim like a duck, it has become a duck.* » (À force de marcher, cancaner et nager comme un canard, il est devenu canard).

Nos hôtes ne sont certainement pas du même avis. Sous leurs airs de charmants grands-pères, recevant en toute simplicité, ils sont de parfaits connaisseurs des méandres de la particule (ou de son absence), cette savoureuse « friandise » comme la qualifiait Saint-Simon. Après des carrières professionnelles rondement menées, les deux comtes consacrent leur retraite au temple aristocrate, à préserver la pureté de la race en quelque sorte. Environ deux mille sept cent cinquante familles (soit six mille membres ou quatre mille cotisants[2]) capables de prouver leurs lettres de noblesse sont membres de l'association. Ils reconnaissent, à contrecœur, « *une petite marge d'erreur possible* », sachant bien que certains dans le milieu se targuent d'être passés entre les mailles de leur filet. Prétextant l'entraide aux plus faibles d'entre eux, les cotisants ont en réalité surtout à cœur de créer

1. Éditions du Rocher, février 2000.
2. Les couples ne paient qu'une cotisation.

une communauté de semblables, un réseau en somme. La preuve : reconnue d'utilité publique sous la présidence d'un certain général de Gaulle, l'ANF verse chaque année plus de deux cent mille euros aux plus nécessiteux de ses membres, et uniquement à eux !

L'institution, aussi anachronique puisse-t-elle paraître, compte encore énormément dans l'élite française du XXIe siècle. L'ANF accumule logiquement dans ses rangs une majorité de grands noms de l'histoire de France, ces Montesquiou Fezensac, Toulouse-Lautrec, Broglie, d'Ornano, Rocca Serra, Montgolfier, Castelbajac, Bentzmann, Robien, La Rochefoucauld, Saint-Sernin, d'Aubert... Le frère de Philippe de Villiers, candidat à la dernière élection présidentielle, et, dans un autre style, le frère du navigateur Gérard d'Aboville, sont adhérents. À noter la présence d'Henri de Raincourt, descendant du marquis de Sade, nouveau ministre du gouvernement Fillon IV en charge des relations avec le Parlement, que les Français ont découvert à l'occasion de sa nomination par Nicolas Sarkozy en juin 2009.

L'ANF s'enorgueillit de compter dans ses rangs des « pointures » venues de tous les horizons, comme l'ancien commissaire européen et actuel président du groupe Vinci (leader mondial de la construction) Yves-Thibault de Silguy. Ou le très remarqué patron d'Axa, Henri de Castries (dont le véritable patronyme est Henri de La Croix de Castries), que nous avons déjà croisé au Jockey Club. Ou encore le grand serviteur de l'État Augustin de Romanet (Augustin de Romanet de Beaune), important banquier des épargnants français en tant que directeur général de la Caisse des dépôts et consignations. La présence du magnat de la finance – et grand mécène – Marc Ladreit de Lacharrière n'est pas non plus une surprise. En revanche, il faut être un familier du milieu pour identifier Maurice Kervénoaël, président de la marque Petit Bateau, ancien dirigeant d'Hermès et de Laurent-Perrier, comme le vicomte Maurice Jouan de Kervénoaël, éminent membre de l'association : il n'utilise pas, par discrétion, sa particule dans sa vie civile et professionnelle.

C'est un inspecteur des finances – la plus haute caste de l'énarchie – qui règne en toute discrétion sur ce petit monde : Noël de Saint-Pulgent (Noël Chamboduc de Saint-Pulgent), un surdiplômé (Sciences Po, Polytechnique, Ponts et Chaussées, Inspection générale des Finances), président actif de l'ANF, fonction qui n'est pas signalée sur sa fiche du *Who's Who*. Une discrétion à la hauteur de son militantisme : Noël de Saint-Pulgent dit agir à l'ANF « *par fidélité à nos familles* [...] *mais également parce que nous aimons nous y retrouver et aussi parce que de manière peut-être un peu immodeste – mais la noblesse a toujours été là pour entraîner les autres – nous considérons qu'il est bon que nous manifestions ce que nous sommes dans la société telle qu'elle est.* »[1] Les nobles de la France du XXIe siècle assument leurs origines. Raison de plus pour veiller à ne pas se mélanger au commun des citoyens ! Leur symbole, un blason bleu et blanc, reste un cavalier casqué prêt au combat à l'épée.

Et ce n'est pas le nouveau ministre Henri de Raincourt, ancien patron des sénateurs UMP, qui dira le contraire : « *C'est important qu'une association nous regroupe. Il faut bien que quelqu'un veille à l'authenticité de nos familles.* »[2] Justement, « *nous nous battons pour défendre nos noms, pour assurer la persistance*

1. Extrait du supplément au Bulletin de l'ANF : Congrès Cilane 2008.
2. Entretien avec l'un des auteurs.

de l'identité nobiliaire dans un contexte de mixité sociale débridée » admet avec le sourire Stephen de Chappedelaine qui officie comme secrétaire général de l'association[1]. En puriste avisé, il sait parfaitement qui est devenu noble grâce à son épée, son mariage, son fief... ou l'argent versé en échange de lettres patentes d'anoblissement à l'époque où les caisses du royaume étaient vides. Immémoriale ou de robe, d'Empire ou de Restauration, les noblesses n'ont aucun secret pour lui. Et gare aux intrigants qui souhaiteraient s'immiscer dans le clan. « *Des usurpateurs, il y en a toujours eu. Un Darcourt s'est fait passer pour le duc d'Harcourt et a arnaqué des vieilles dames. Moi-même on a voulu prendre mon nom !* » raconte-t-il.

Les critères de l'ANF ne sont pas exactement ceux du Jockey. *Exit* les étrangers comme les Rothschild qui possèdent des passeports français mais sont des barons d'origine autrichienne. Un autre baron, Albert Frère, également membre du Jockey, fut anobli par le roi des Belges et donc interdit de cotisation à l'ANF. Un troisième baron, « romain » celui-ci, l'ancien patron du Medef Ernest-Antoine Seillière (Ernest-Antoine Seillière de Laborde), descend d'ancêtres qui doivent leurs titres... au pape, et non à un souverain français comme l'exige l'ANF[2]. Voilà pourquoi Jean-Dominique Sénard, cogérant de Michelin et comte romain, peut fréquenter son ami Henri de Castries au Jockey Club, mais pas à l'ANF où il peut toutefois être cordialement invité. Castries est un comte d'ancien régime descendant d'un duc et d'un marquis, en l'occurrence toujours le marquis de Sade, ce qui fait du patron d'Axa un lointain cousin du

1. Entretien avec l'un des auteurs.
2. Les papes ont décerné au XIXe siècle des titres de noblesse dans leurs États d'Italie et de France, en Avignon et dans le Comtat Venaissin.

ministre Raincourt. Ainsi va le maquis de la noblesse contemporaine où tous sont cousins ou parents éloignés, liés par l'histoire.

Nicolas Sarkozy de Nagy Bocsa contre Dominique Galouzeau de Villepin

L'aristocratie, l'héritage de la noblesse, l'édifice des titres sont donc des affaires complexes, et encore d'actualité. En réalité, n'importe qui peut se perdre dans leurs méandres et les personnages du débat public, dont le carburant est l'image, ne simplifient pas les choses. Prenons ces deux figures bien connues des inconditionnels du *20 heures*. Tout les oppose, jusque dans leurs racines. Ce jour de septembre 2005 à Évian (Haute-Savoie), Nicolas Sarkozy, trapu et transpirant dans son short gris, et Dominique de Villepin, la cuisse galbée et la mèche élancée, se croisent pendant leur jogging et se tapent joyeusement dans la main pour les besoins d'une communication d'État qui ne trompe personne. L'un est épais, l'autre athlétique. Quand le ministre de l'Intérieur, devenu président de la République, ose le très élégant « *Casse-toi pauv' con* », le Premier ministre d'alors invoque « *la France debout face à l'histoire* ». Et pourtant ! Nicolas Sarkozy de Nagy Bocsa est, sur le papier, un aristocrate authentique, quand Dominique Galouzeau de Villepin est *stricto sensu* un bourgeois. Explications : l'ancêtre du chef de l'État, le militaire Mihaly Sarközy, a été inscrit par Ferdinand II de Habsbourg « au nombre des nobles authentiques » en 1658 pour avoir valeureusement bouté l'ennemi hors du royaume de Hongrie. Notre président est même, *via* sa grand-mère paternelle, cousin de grandes familles françaises comme les La Rochefoucauld ou les

Castelbajac[1]. Quant à l'ancien Premier ministre, son patronyme proviendrait d'une propriété possédée par la famille, nommée Villepin. Au XVIIIe siècle, un certain Jean-Baptiste, capitaine général des fermes du roi dans les Vosges, aurait associé les noms Galouzeau et Villepin[2]. « *Gal veut dire coq, et ouzeau, oiseau* » précisera avec humour l'intéressé[3]. Les apparences peuvent être trompeuses.

Les deux ennemis ont un point commun : ils cherchent à travestir leurs origines. Le chef de l'État, alors candidat, se présente en « *petit Français au sang mêlé* », lors de son discours d'investiture porte de Versailles en 2007. Tout le contraire de la prestigieuse famille dont il est issu. L'ex-Premier ministre, diplomate de carrière, membre du Racing Club et voisin du très chic parc Monceau, salue chacune des dames présentes à la tribune du Conseil national de l'UMP en 2006 par un baisemain. Selon certaines langues bien pendues, les prétentions de gentilhomme du « Galouzeau » ont le don d'irriter au plus haut point l'ancienne *first lady* Bernadette Chirac, fille d'un Chodron de Courcel et d'une Brondeau d'Urtières, deux lignées anoblies par Napoléon III. Ainsi dans *Villepin vu du Quai*[4], est évoquée l'irritation de Bernadette Chirac, « *une femme venue d'une famille anoblie par l'Empereur, à l'égard du représentant d'une famille anoblie par elle-même* ». Et toc ! Dur pour les Villepin, une famille dont chaque membre reçoit, depuis cinquante ans, une revue annuelle baptisée *Maintenir.* C'est le propre frère de

1. *De César à Sarkozy : petite histoire des noms du pouvoir*, Jean-Louis Beaucarnot, éditions JC Lattès, 2007.
2. Le généalogiste Jean-Louis Beaucarnot sur Europe 1, le 5 juin 2005.
3. *Le Monde* du 30 avril 2005.
4. Jean Saint-Iran, Édition Privé.

Dominique, Patrick, qui la réalise et qui est auteur de la bible familiale *Maintenir : histoire de la famille Galouzeau de Villepin (1397-1987)*.

Finalement, les présidents se suivent et se ressemblent. Comme nous le verrons dans le chapitre suivant, tous nos présidents de la République possèdent leurs tropismes aristo, sensibles aux charmes, parfois féminins, du sang-bleu. Nicolas Sarkozy ne fait pas exception. La première « première dame », Cécilia, connue comme arrière petite-fille du compositeur catalan Isaac Albeniz, est également la fille de Diane Teresita Albeniz de Swert, fille d'un ambassadeur aristo à la Société des nations. Quant à la seconde, Carla Bruni, elle n'est pas seulement une chanteuse à succès, ravissante mannequin et ancienne égérie de la gauche. Elle est elle aussi issue d'une grande famille italienne dont la fortune remonte à la fin du XIXe siècle. Malgré l'absence *stricto sensu* de sang bleu dans leurs veines, les Bruni cumulent les attributs de la noblesse, notamment des propriétés et châteaux – la villa de Moncalieri, les châteaux de Moriondo et de Castagneto Po, les vanneries du château de Rambouillet. « *Elle est aristocrate par l'argent et par l'éducation, non par sa naissance* » glisse une connaisseuse. En outre sa mère, Marisa, est née Borini, une famille franco-italienne de la bourgeoisie du lac d'Orte. Au grand dam de sa tante, qui s'opposa au mariage de Marisa et Alberto (père de Carla), estimant qu'il s'agissait d'une « *mésalliance* », et de son grand-père Virginio, qui aurait tout de même « *préféré une belle-fille blasonnée afin de couronner ses rêves de noblesse*[1] ». Il est cocasse de noter que le propre père de Nicolas Sarkozy, Pal, après le divorce d'avec sa mère, Dadu,

1. *Le Point*, 7 février 2008.

épousera la jeune Mélinda d'Eliassy, fille d'un aristocrate hongrois, dont il divorcera aussi. En troisièmes noces, Sarkozy père craquera à nouveau pour une aristocrate pure souche, française cette fois, Christine de Ganay, qui lui donnera deux enfants.

La plupart des aristocrates de souche sont des puristes. Arcboutés sur leurs origines, ils ne souffrent aucune contestation en la matière. Leur ôter leur particule, c'est leur couper la tête une deuxième fois. Ils ont respecté des codes, éduqué leurs enfants, épousé leur conjoint en fonction d'une certaine appartenance à une lignée. Depuis qu'ils sont tout petits, leurs grands-parents leur racontent des histoires où le destin de la France et de leur famille ne font qu'un. Il s'agit d'un sujet très sérieux avec lequel on ne plaisante pas. Une étonnante aventure, très récente, l'illustre à merveille à Saint-Germain-des-Prés, le quartier du livre parisien. En novembre 2008, paraît chez Tallandier un *Dictionnaire de la vraie/fausse noblesse.* L'ouvrage, épais, se présente comme un « deux en un ». Côté pile, avec une couverture jaune criard ornée d'une fleur de lys à l'envers, le dictionnaire de la fausse noblesse égrène les noms à rallonge trompeurs : Chiron de la Casinière, Lajunie de Mary de Bactot, etc. Il faut retourner le livre pour découvrir, côté face, sous une couverture bleue (toujours cette France Ancien Régime), une présentation des « vraies » familles nobles. L'éditeur met benoîtement en librairie cette trouvaille. Il ne s'attendait pas à susciter immédiatement une telle bronca. En quelques jours, une flopée de lettres au vitriol parviennent dans sa boîte aux lettres. Des familles affreusement vexées d'être estampillées « fausses » protestent avec la dernière énergie. Tallandier évoque d'innombrables « *courriers d'intimidation* » brandissant même parfois des « *menaces de poursuites judiciaires* »[1]. Forcément, cela peut heurter d'apprendre dans un dictionnaire que l'on s'appelle Sève de Vélard de Châteauvieux simplement parce qu'un parent, Bernard Sève, a ajouté à son nom celui de la grand-mère maternelle de sa femme. « *Les auteurs de ces courriers expliquent poliment mais fermement, avec quantité de documents joints en guise de preuve, que leur famille vient de Bretagne, qu'elle a obtenu ses lettres patentes en telle année, etc. Pourtant mes auteurs ont travaillé avec les plus grands experts ès généalogie !* »[2] sursaute Henri Bovet, directeur de la maison d'édition au moment de la mise sous presse du dictionnaire. Soucieux d'apaiser ces familles visiblement choquées – et d'éviter quelques coûteux procès – il décide d'interrompre la commercialisation du dictionnaire trois mois seulement après sa parution. Entre-temps, le livre polémique aura déjà investi les étagères de milliers de familles, avec près de quatre mille exemplaires écoulés, au prix pourtant coquet de trente-cinq euros. Acculé par une famille particulièrement opiniâtre à défendre son blason, l'éditeur finira même par publier dans le carnet du jour du *Figaro* une petite annonce stipulant que la famille en question, les Negroni, sont bien d'origine noble ! Que l'ouvrage comporte sa part d'erreurs ou non montre combien l'origine est un point sensible pour les personnes concernées. Les condamner à la roture est le pire des blâmes.

Les imposteurs du *Bottin Mondain*

Attablée au restaurant de l'Interalliée, autre cercle sélect voisin de l'Élysée, Blanche de Kersaint, la directrice du *Bottin*

1. Entretien avec l'un des auteurs.
2. Entretien avec l'un des auteurs.

Mondain (le fameux « Béème », l'annuaire des gens titrés et bien nés) en est encore toute retournée. Elle, la cinquantaine pimpante, au carnet d'adresses rempli de noms à rallonge, égérie du gotha neuilléen, s'est retrouvée par deux fois dans les locaux de la police judiciaire à Paris pour une sombre histoire d'usurpation d'identité. Elle raconte : « *Un jeune homme a voulu intégrer le* Bottin. *Il prétendait être un Montesquieu. Il m'a fourni des papiers d'identité et un acte de naissance qui se sont révélés faux par la suite. En réalité, c'était un Durand ou un Dupont. Il vendait des placements financiers, avait des objectifs à tenir, et il a dû se dire qu'il obtiendrait plus facilement des rendez-vous en figurant dans le* Bottin ! »[1]. Le filou pensait, à juste titre, qu'un grand et joli nom lui ouvrirait des portes. Selon Blanche de Kersaint, l'imposteur a réussi à convaincre le prince Michel Poniatowski, sénateur et éminent descendant du roi de Pologne Stanislas-Auguste, de lui confier son portefeuille d'actions. Le prince, qui fut un surpuissant ministre d'État (Intérieur) sous Valéry Giscard d'Estaing, s'est retrouvé ruiné, floué par un roturier malhonnête. Une honte ajoutée à une gêne qui s'est réglée dans le milieu. « *La famille Poniatowski m'a alertée et a porté plainte* » précise Blanche de Kersaint. À la même époque, la grande famille Montesquieu s'aperçoit que le *Bottin Mondain* accueille dans sa nouvelle édition un petit nouveau que personne ne semble connaître. Les Montesquieu menacent, eux aussi, de porter plainte. C'en est trop. L'intrigant sera condamné. Ces affaires sont rares, mais la réputation d'infaillibilité de la liste mondaine en a pris un coup.

1. Entretien avec l'un des auteurs.

De nombreux roturiers rêvent encore aujourd'hui de s'approprier une particule. Comme on ne crée plus de nobles depuis la restauration définitive de la République, en 1870, il ne reste que deux options pour parvenir à cette fin : soit épouser un aristocrate mâle, soit « relever » un nom éteint (dont tous les descendants sont morts) ou « tombé en quenouille » (dont le dernier titulaire a été une femme). C'est l'opération réussie par la célébrissime famille Giscard d'Estaing au début du XXe siècle. Edmond Giscard, père de Valéry Giscard d'Estaing, et son frère René Giscard – l'oncle de l'ancien président – ont réussi à faire adjoindre officiellement le nom d'une de leurs aïeules Lucie-Madeleine d'Estaing, sur décision du Conseil d'État[1]. Valéry Giscard d'Estaing, au terme de la carrière que chacun connaît, est maintenant plus « aristo » que les aristos eux-mêmes : un passé militaire (engagé à dix-huit ans dans la Première armée, Croix de Guerre 39-45), une épouse née Sauvage de Brantes, Anne-Aymone, avec qui il a eu quatre enfants, une dynastie politique[2], une grande carrière au service de l'État à Paris comme en région, une posture, une élocution, un style unique, un siège à l'Académie Française, une passion irrésistible pour la chasse, et même un château : celui du village auvergnat... d'Estaing, acheté en 2005 pour y ouvrir le musée de son septennat, sur fond de polémique fleurant bon le « féodal » (son frère, Olivier, ancien maire du village, s'est empressé de faciliter la rétrocession du château à Valéry). L'académicien ira même, dans son dernier roman, jusqu'à imaginer une idylle entre un président français et une princesse. On y reconnaît aisément VGE

1. Décret du Conseil d'État daté du 17 juin 1922.
2. Lire en chapitre 2.

lui-même et Lady Diana, passion tellement improbable qu'elle a fait exploser les ventes du livre[1].

Malgré tout cela, Valéry Giscard d'Estaing n'a jamais réussi à intégrer un grand club aristocrate dont nous verrons plus loin l'importance : contrairement à une légende tenace, il ne s'est jamais présenté au Jockey Club. « *Il était certain de s'y faire blackbouler* » soufflent des membres du cercle, dont beaucoup furent échaudés quand le duc de Luynes – ancien président – leur imposa l'adhésion d'un certain Albert Frère, fait baron par le roi de Belgique, mais boudé par l'aristocratie locale. Pas question de se faire imposer VGE rue Rabelais ! L'ancien président s'est décidément fait beaucoup d'ennemis. Lorsqu'il a finalement voulu tenter sa chance au Cercle de l'Union Interalliée, Pierre-Christian Taittinger, son président (de 1999 à sa mort, en 2009) lui en a interdit l'accès. L'académicien s'est alors rabattu sur le Polo, faute de mieux.

Chaque année, environ six prétendants sont autorisés par le Premier ministre à porter une particule quand la famille est éteinte ou en voie d'extinction. Mais des moyens plus fantaisistes existent toujours : s'inventer tout bonnement une ascendance, par exemple, comme Geneviève « de Fontenay », Mme Miss France, née Mulmann et épouse Poirot. Son compagnon de vie avait choisi comme nom de résistance Fontenay lors de la Seconde Guerre mondiale. À sa mort, la reine des Miss décide de conserver son nom et d'y ajouter la « friandise ». Sans doute pour tenter d'incarner l'élégance française en tout lieu ? Et puis il y a ceux qui, ni vu ni connu, rallongent leur nom sur un faire-part ou dans un annuaire. Ainsi les « saint » quelque chose

1. *La princesse et le président*, Fallois-XO, 2009.

– Sauveur, Léger, Sulpice – sont souvent des noms d'emprunt, comme les noms de pays – de France, d'Allemagne – ou de ville – de Neuilly, de Megève. Les tricheurs viennent ainsi gonfler les rangs d'une espèce en voie d'extinction. Les chiffres parlent d'eux-mêmes : il y avait en 1789, avant la Révolution et la vague d'émigration consécutive, environ dix-sept mille familles au sang bleu, soit 2 % de la population. Aujourd'hui, vrais et faux nobles confondus ne représentent plus que 0,4 % de la société française. Mais les aristos sont de fieffés reproducteurs, ce que le sociologue Cyril Grange appelle « *la revanche des berceaux* »[1]. Ainsi Nicolas de Tavernost, PDG de M6, autre grand aristo du business, est père de quatre enfants et frère de quatre sœurs nées à un an d'intervalle. Le navigateur Gérard d'Aboville est, lui, le quatrième d'une famille bretonne de neuf rejetons. L'aventurier disparu Philippe de Dieuleveult, le septième. Françoise de Panafieu, l'aînée d'une fratrie de huit enfants. Gilles de Robien, huitième sur dix. Souvent moqué, ce sens de la famille les sauvera peut-être.

En outre, une ou deux familles aristocrates ressurgissent des méandres de l'histoire chaque année. Sentant la colère du peuple gronder et la perruque de Louis XVI vacillante, certains avaient, en effet, amputé leur nom pour garder leur tête sur les épaules dans les années 1790. Deux siècles plus tard, des généalogistes avisés retrouvent la particule dans des documents d'époque. Mais chaque année aussi, des noms s'éteignent. C'est pour éviter l'insupportable disparition de son nom que le propriétaire du château de Cheverny, le marquis Philippe de Vibraye, sans enfant à un âge avancé, rendit un jour visite à sa nièce, Hélène,

1. *Les gens du Bottin Mondain*, Fayard, 1996.

et à son époux le vicomte Arnaud de Sigalas, pour leur demander d'adopter l'aîné de leurs trois enfants. Le vicomte n'a pas hésité une seconde. Et voilà le petit Charles-Antoine, trois ans à l'époque, doté d'un nouveau nom, d'un nouveau père et d'un château[1] !

Finalement, beaucoup plus rares sont ceux qui parcourent le chemin inverse. Soit en changeant leur nom, comme la chanteuse Chantal Goya, dont l'état-civil est Chantal de Guerre. Soit en le raccourcissant, comme la comédienne Astrid Veillon (Veillon de La Garoullay). Voire en l'abandonnant, comme le journaliste et membre de l'Institut Amaury de Chaunac-Lanzac, qui signe sous le pseudo François d'Orcival. Ou encore le dessinateur Piem, pseudonyme de Pierre de Barrigue de Montvallon. Sans oublier une certaine Isabelle de Truchis de Varennes *alias* Zazie, chanteuse à succès.

Les bons comtes font les bons amis

Les bourgeois gentilshommes rêvant de devenir baron, comte, vicomte sont toujours légion. Évidemment, il est beaucoup plus compliqué, voire impossible, de se faire passer pour un marquis, pour un prince (titre dévolu aux héritiers de la Maison de France), pour un duc (il n'en existe que trente-cinq en tout et pour tout en France), voire pour un vidame (titre rarissime, lié à une fonction ecclésiastique, équivalent de vicomte). De toute façon, gare aux tricheurs : l'usurpation de titre de noblesse est très sérieusement sanctionnée de nos jours par l'arrêt 259 du Code pénal, qui prévoit une peine allant de six mois à deux ans de prison, en vertu de la loi de 1858 toujours d'actua-

1. *L'Événement du Jeudi,* du 2 au 8 juillet 1998.

lité ! Bien entendu, les forces de l'ordre ont d'autres soucis que de traquer les vicomtes imposteurs, très nombreux au demeurant. Déjà, sous Louis XIV, les services du roi renonçaient à traquer les innombrables faux nobles du royaume.

Le plus étonnant, c'est que la République continue *de facto* à reconnaître les titres puisque le jour où un héritier (ou une épouse) devient baron(ne), marquis(e) ou duc(hesse), il/elle peut aller trouver un officier d'état-civil au ministère de l'Intérieur pour faire inscrire son titre sur son passeport ou son permis de conduire. Au pays de Voltaire et de Robespierre, les titres continuent de fasciner. L'histoire est peu connue, mais Charles de Gaulle devenu premier président de la Ve République fut à l'origine de la dernière « création » d'un duc dans notre pays : par un très officiel décret républicain [1], il autorisa le marquis Antoine de Lévis-Mirepoix, chef d'une antique maison datant des croisades, à porter le titre de duc sur le territoire français (donc dans les actes officiels). Peut-être les penchants monarchistes du grand homme et une éventuelle ascendance de très ancienne noblesse d'épée [2] sont-ils à l'origine de cette tolérance vis-à-vis d'une caste au socle de valeurs issues de l'Ancien Régime [3] ?

En réalité, sous les ors de la République, les dirigeants ont du mal à enterrer le passé. Soucieux de moderniser la vie publique, VGE, le plus aristo des aristos, avait ordonné aux huissiers de l'Élysée de renoncer à aboyer le titre de noblesse d'un visiteur à son entrée au palais de la République, comme c'était la tradition.

1. Décret de la présidence daté du 24 août 1961.
2. Qui n'est pas tranchée, son plus ancien ancêtre serait un écuyer ayant reçu un fief du roi Philippe-Auguste.
3. Lire en chapitre 4.

À l'exception notable, et sur instruction du président en personne, des titres de « comte de Paris » (l'héritier de la branche orléaniste) et de « prince Napoléon » (le même pour la famille des Empereurs).

Pour le commun des femmes, à moins d'épouser un authentique comte, impossible de devenir une vraie comtesse. Et encore ne faut-il pas divorcer, sous peine de perdre sa titraille ! Ainsi quand les parents d'Hermine de Clermont-Tonnerre, célèbre jet-setteuse, ont rompu leurs épousailles, son père, duc, a obtenu que la justice interdise à son ex-femme de porter le titre de duchesse. Il est en outre impossible en France d'acheter un titre, contrairement à Londres, où les lords sans le sou ou sans héritier cèdent aux enchères leur titre à la Manorial Society, sorte de Sotheby's spécialisé. Celui de « Lord of the manor of Wimbledon », vendu par Charles Spencer, le frère de Lady Diana, s'est même arraché en 1988 à plus de 4,8 millions de francs ! En Suisse, la Fondation de l'ordre des chevaliers de Rondmons joue les marchands de merlettes, selon l'expression consacrée, c'est-à-dire propose des titres de noblesse « certifiés par notaire » (en réalité purement fantaisistes), comme celui de comte ou comtesse de Falcon Véronèse d'Igral, pour la modique somme de vingt-trois mille cent euros. À l'ANF, ces rocambolesques marchandages font grincer des dents. Henri de Raincourt est un authentique marquis et il tient à son titre, tout comme Yves-Thibault de Silguy qui, lui, est comte et qui a « *beaucoup ri en famille à la lecture du* Dictionnaire de la vraie/fausse noblesse »[1]. Sans parler de Josselin de Rohan, à la fois quatorzième duc de Rohan, comte de Porhoët et de Lorges, mar-

1. Entretien avec l'un des auteurs.

quis de Blain et de la Garnache, baron de Mouchamps, seigneur de Héric et de Fresnay. Le cumul des titres d'Ancien Régime vaut bien le cumul des mandats qui ne cesse de faire débat !

Open bar **au rallye**

Juchée sur un podium, une jolie brune, seize ans à peine, sautille en rythme d'un talon aiguille sur l'autre, une coupe de champagne levée, sa robe en soie argentée remontant à mi-cuisses. L'ingénue lance des œillades mutines au jeune homme, nœud papillon au cou et chevalière au doigt, qui la frôle. Mais lui est trop occupé à hurler « *Gimme me Gimme your hand* » (Abba), tout en balayant sa mèche de cheveux. Ce 21 mars 2009, au Pavillon Dauphine, adossé au bois de Boulogne, plus de huit cents adolescents se sont donné rendez-vous pour festoyer l'espace d'une folle nuit entre gens de la haute société. Les mères du rallye Amboise, c'est son nom, ont préparé pendant des mois cette soirée « Gentlemen » spécial James Bond, dont parle le Tout-Paris bien né. C'est la seule soirée de l'année où les garçons reçoivent (traditionnellement c'est l'inverse). Dans cette nuit de printemps plutôt chaude, un sosie de Sean Connery surveille une Aston Martin des années soixante. À l'intérieur du pavillon, les serveurs en gants blancs ondulent entre les chandeliers aux bougies allumées pour proposer canapés au saumon, verrines de foie gras, toasts aux œufs de lump. Le champagne Taittinger emplit les coupes et échauffe les esprits. La famille qui a fait fortune dans les bulles, d'origine bourgeoise mais grande figure de la noblesse de l'argent, est d'ailleurs là ce soir.

Écrans géants, lumières dorées, DJ : la soirée est chic, moderne, ambitieuse. On est loin des raouts versaillais où les mamans ont tartiné tout l'après-midi. Loin aussi d'une vulgaire boîte de nuit où la boule à facettes excite des bandes d'ados mal fagotés. Ce soir, la fête réunit les rejetons de l'élite politique, financière et médiatique du pays. Certains garçons, encore boutonneux et aux épaulettes trop larges, transpirent sur *Hit the road Jack* (Ray Charles) ou *Freedom* (Aretha Franklin). Les filles, yeux de biche, chevelure lisse et longue, ravissantes de naturel, osent des décolletés à faire rougir leur mère. Les hôtes et leurs invités s'appellent d'Alençon, Bar de la Garde, Bentzmann, Bourbon de Parme, Couëdic, Durandy de Naurois Turgot, Menthon, Rothschild, Tavernost, Turckheim. Leurs pères gouvernent la France, le Cac 40 ou le petit écran. Certains, déjà très à l'aise dans leur costume noir, les cheveux savamment désordonnés, jouent à James Bond avec les mini pistolets argentés distribués à l'entrée. Ils ont l'air de vrais dandys, déjà. Stanislas salue d'une poignée de main franche Geoffroy, un copain du Polo, et Nicolas, son cousin. « *Nos parents ont des propriétés voisines de quatre kilomètres en Normandie* » précise-t-il. Un regard, une main tendue en signe d'invitation et voilà Stanislas lancé dans un rock effréné, le genou parfois à terre, avec une demoiselle en robe longue violine. Au milieu de la piste de danse, certains se déhanchent en solo, frôlant les sculptures de glace géantes en forme d'hippocampe. « *Le rallye, c'est l'occasion de mettre son beau costume, de sortir, de s'amuser dans des endroits magnifiques !* » explique un jeune homme assis à une table de poker.

Un vent de modernité souffle sur ces soirées ultrasélects autrefois jugées ringardes. Les néo-rallyes rassemblent de jeunes mondains, nés dans les meilleures familles du septième arrondissement. En l'espace d'une génération, les videurs ont remplacé les aboyeurs, les DJ les plus prisés ont succédé aux orchestres d'antan. L'objectif n'est plus de trouver un mari mais de tisser un réseau d'amis, de relations, en somme un carnet d'adresses... pour la vie. La trêve des examens a remplacé la « trêve du carême », ces quarante jours précédant Pâques pendant lesquels les cocktails mondains étaient suspendus pour cause de diète jusque dans les années soixante. À l'heure de la fin proclamée des soirées « *open bar* », ici le whisky-coca et le champagne coulent à flots. En guise d'invitation, les jeunes n'ont pas reçu le classique carton sur papier bristol, mais un DVD, Opération Amboise.

C'est Françoise de Castilla, la prêtresse incontournable des rallyes parisiens, qui en a eu l'idée : « *Avec mon fils nous avons tourné un film ici même, en guise de* teasing *!* » explique-t-elle, en sirotant un thé dans la bibliothèque du club Saint James, l'hôtel de luxe du seizième arrondissement où elle donne ses rendez-vous [1]. C'est elle aussi qui a imaginé la borne électronique à l'entrée sur laquelle chacun doit passer sa carte de membre, comme un *pass* Navigo. Idéal pour évincer les inévitables fraudeurs ! Avec un budget frôlant les cinq zéros, il fallait que la fête fût unique.

Françoise de Castilla, la cinquantaine, fait partie de ces femmes élégantes de l'aristocratie, avec ses mains très fines, son brushing soigné, ses manières tout en retenue, un air fragile et ferme à la fois. D'abord sur la réserve, elle accepte de se livrer. Divorcée dans un milieu où le reniement du mariage « coince » encore, elle a d'abord organisé bénévolement des rallyes pour ses

1. Entretien avec l'un des auteurs.

enfants avant de créer Esprit de Fête, une agence d'événementiel spécialisée dans l'organisation de raouts mondains. Elle s'est vite hissée à la tête d'un réseau de deux mille cinq cents familles, soit du niveau de l'ANF, réparties dans six rallyes aux noms de châteaux : Cheverny, Chenonceau, Chantilly et... Amboise. « *C'est un vrai club* » dit-elle. Avec deux assistantes à temps plein, l'agence est très active. Un nouveau rallye est lancé tous les deux ans, avec des enfants qui n'ont encore que sept ou huit ans. On parle alors de « rallyes biberons ». Ensuite, *exit* les cours de bridge : les garçons ont droit au poker, au black-jack et au karting en guise d'activités. Pour les filles, accrobranches, cours de cuisine et musées.

Après les cours de rock, mais aussi désormais de salsa, vient l'heure des soirées « pépitos bangas » (sans alcool). Et ensuite seulement, commencent les réceptions Nuit Magique ou Bulles et Plumes à l'École Militaire, au château de Chambord, et aussi au très sélect Jockey, qui reçoit ses « clients » au bar du rez-de-chaussée. « *Le rallye donne aux jeunes une aisance et une personnalité, bien au-delà des simples mondanités* » explique Mme de Castilla. Certains parents le conçoivent comme un relais éducatif permettant d'inculquer à leurs rejetons l'art de se tenir, de se présenter, de nouer des relations avec la haute société. Tous les aristocrates qui comptent envoient leurs enfants dans des rallyes. À la soirée des rallyes Médicis et Vendôme organisée en juin 2006 au château de Champlâtreux, Joseph de Rambuteau a pu séduire Marie-Axelle de La Rochefoucauld, sous les yeux avertis d'Alix de Castries, tandis qu'Émilie de Panafieu remerciait Ghislain de Robien pour ses compliments sur sa robe rose fuchsia...

Nous retrouvons Stanislas. Simple invité ce soir, il explique du haut de ses dix-huit ans que le rallye Amboise est plus ouvert que le rallye Broglie (prononcer Breuil). « *Il y a plus de mélange, c'est moins sélectionné. Les filles n'ont pas ce qu'on appelle du chien. Mais elles sont quand même moins fin de race qu'ailleurs !* » De fait, les grands bourgeois aussi ont désormais le droit de s'encanailler au Pavillon Dauphine. « *Je ne les intègre que s'ils partagent des valeurs et une éducation communes. Il ne faut pas rester un ghetto, il faut se moderniser sous peine de se scléroser. On est à Paris tout de même !* » se justifie Françoise de Castilla. Cela fait d'ailleurs des lustres que l'aristocratie assure son avenir en s'alliant avec les meilleures familles bourgeoises, comprendre... celles qui ont de l'argent et savent intégrer les « bonnes manières ». Les années 1870 furent celles des meilleures alliances, à l'origine de l'aristocratie du XXIe siècle. C'est l'époque où le prince de Polignac épouse Winaretta Singer, la fille d'Isaac Singer, l'inventeur de la machine à coudre, et d'Isabelle Boyer, le modèle de la statue de la Liberté. Le duc Pierre de Brissac se marie avec May Schneider, issue de la lignée des célèbres maîtres de forges du Creusot. Et les Rothschild s'allient avec les Fould, Halphen, Ephrussi ou Goldsmith (même si parallèlement, on ne compte pas moins de dix-huit mariages Rothschild-Rothschild au XIXe siècle)... « *Aujourd'hui, certains nobles de province sans le sou sont sauvés, financièrement j'entends, par leurs mésalliances. Ils épousent des commerçants du coin qui ont des moyens plus importants qu'eux !* » souligne Blanche de Kersaint, la directrice du *Bottin*, qui note année après année l'apparition de nouveaux patronymes dans son annuaire.

À trois heures du matin, au Pavillon Dauphine, les chemises sortent des pantalons, les nœuds papillons réalisés par Chanel pour l'occasion pendent autour des cous, le gel dans les cheveux a séché. Le parquet voit les premières têtes valser. Trop de rock, trop d'alcool aussi. Les jeunes de bonne famille commencent à ressembler à n'importe quels fêtards attardés au coude particulièrement leste. Au point que les organisateurs doivent parfois « blacklister » des invités, comme ces garçons ivres qui, lors d'une soirée exotique, ont lancé une noix de coco sur le nez d'une jeune fille !

Génération Stanislas

Précepteur raide comme un piquet, nurse anglaise intransigeante, religieuse sans le sourire, on imagine aisément ce que peut subir le jeune aristo. Certes, l'éducation a toujours été primordiale dans ce milieu. Mais les temps ont bien changé, les enfants ne sont plus éduqués avec des œillères. Au contraire, ils sont poussés à l'excellence, à s'ouvrir au maximum sur le monde. Des parcours comme celui de Nicolas de Tavernost, PDG de M6, en classe chez les jésuites puis les frères maristes, deviennent l'exception. Les grandes familles ont majoritairement intégré, depuis l'après-guerre, qu'il fallait que leurs enfants trustent les maternelles, lycées, prépas et grandes écoles les plus réputés, seul moyen pour eux de tenir leur rang. Peu importe qu'ils soient privés ou pas, seul le taux de réussite compte.

Ainsi le célèbre collège Stanislas, dans le sixième arrondissement parisien, a vu défiler en culottes plus ou moins courtes le sénateur Albéric de Montgolfier, le député Olivier d'Ormesson, l'ancien président du Medef Ernest-Antoine Seillière, les hommes d'affaires Éric Bourdais de Charbonnière (Michelin), Henri de Castries (Axa) ou encore Gérald de Roquemaurel (ex-

Hachette). Dans l'édition 2009 du *Who's Who*, cinq cent huit figures du célèbre annuaire sont passées par Stanislas.

Janson de Sailly, lycée public et de surcroît laïc, a accueilli le duc de Brissac, ainsi qu'Olivier de Rohan-Chabot qui y a même sympathisé avec le socialiste Lionel Jospin. C'est dire... Édouard de Rothschild a d'abord babillé sur les bancs du cours Hattemer – une école laïque où Jacques Chirac, Jean-Paul Sartre et les enfants Debré furent aussi inscrits – avant de s'envoler quelques années plus tard pour un MBA Finance à l'Université de New York. Les universités étrangères de renom voient régulièrement débarquer des jeunes de bonne famille : Henri de Bodinat (Time Equity Partners), Hervé de Clerck (conseiller du commerce extérieur de la France) ou encore Olivier Giscard d'Estaing (frère de VGE), ont étudié à Harvard. « *On élève ses enfants aujourd'hui dans l'optique qu'ils réussissent, et qu'ils sachent gérer les biens de la famille. C'est une des raisons pour lesquelles les grandes écoles de commerce sont désormais truffées de grands noms* » analyse Blanche de Kersaint. Il faut dire que qui dit grande famille dit patrimoine, un patrimoine à transmettre et à faire fructifier. Nous verrons plus loin que les meilleures écoles de la République, Polytechnique, l'Éna, Sciences Po sont de plus en plus trustées par les élèves à particule. Les exceptions à ces parcours élitistes deviennent rarissimes. On peut citer tout de même le navigateur Olivier de Kersauson, passé par onze collèges religieux, avant de terminer ses études dans un établissement agricole parce qu'il avait épuisé toutes les autres possibilités.

La nouvelle vie de château

Il faut sillonner un bon bout de temps la vallée de la Loire pour parvenir jusqu'à Rigny-Ussé, depuis Tours. Longer l'Indre, traverser les champs de vignes sur les coteaux, emprunter la route de Chinon sur une dizaine de kilomètres, se perdre un peu dans les villages. Enfin on arrive au village d'Ussé. À sa sortie, le « château de la Belle au bois dormant » surgit, majestueux, sur sa colline. Ce vendredi printanier, le soleil rebondit sur ses toits en ardoise. La demeure, propriété du duc de Blacas, est impressionnante avec ses dizaines de tourelles, son vieux donjon, ses jardins en escalier signés Le Nôtre. Le bijou, parfaitement restauré, surplombe un méandre de la rivière. Rendez-vous a été pris avec Casimir de Blacas d'Aulps, descendant d'un ministre de Louis XVIII, et accessoirement avocat international. Si les touristes entrent à pied, les hôtes du duc ont le privilège de grimper jusqu'au château en voiture. La grille s'ouvre sur un chemin bordé d'arbres centenaires. Après avoir dépassé la chapelle familiale, sous les yeux de quelques touristes amusés, une chaîne s'abaisse automatiquement et vous entrez dans l'aile privée. L'on suit le duc jusque dans son bureau, une bibliothèque un peu sombre empreinte du parfum des âges. Il allume un feu de cheminée et s'assied.

C'est lui qui a eu l'idée de transformer la propriété familiale dont il a hérité à l'âge de trente-deux ans en attraction touristique. « *Vous savez, je suis un commercial. Il fallait trouver quelque chose qui fasse tilt pour se démarquer parmi tous les châteaux de la Loire. J'y suis allé au pif si je puis dire. Je savais que Charles Perrault, l'auteur des contes pour enfants, était venu ici au* XVIIe *siècle, que mon grand-père avait trouvé des lettres où il expliquait avoir été inspiré par la maison pour écrire son* Sleeping beauty *comme disent joliment les Américains.* »[1] Bingo, le duc

1. Entretien avec l'un des auteurs.

décide d'ouvrir pour la première fois aux touristes le château, propriété de sa famille depuis 1885. Avec succès. Ussé emploie aujourd'hui entre dix et vingt-trois personnes selon les saisons. Avec deux cent mille euros de bénéfices en 2008, c'est l'un des châteaux les plus rentables de France.

La France, justement, possède un patrimoine unique au monde de quelque quatre-vingt mille châteaux, manoirs et autres masures fortifiées, en plus ou moins bon état. Environ trois mille châteaux appartiennent encore à des familles nobles. La réalité de leurs propriétaires est très loin du cliché de châtelains désargentés vivotant reclus dans leurs pierres mal chauffées, véhiculé par le film de Charlotte de Turckheim, *Les aristos.* L'histoire, celle du comte Charles Valerand d'Arbac de Neuville et de son épouse Solange, née Poitou Castilla de la Taupinière, tentant l'impossible – sans travailler ! – pour préserver leur château en ruines, est largement dépassée. « *Les châteaux sont maintenant des entreprises* » explique François de Cossé-Brissac, le président du Jockey[1]. Le fils de notre duc, Charles-André de Cossé-Brissac, marquis de Brissac, s'est installé dès l'âge de vingt-six ans dans la propriété familiale voisine d'Ussé, impressionnante avec ses sept étages et des chambres culminant à cinquante mètres de hauteur. Il n'oubliera jamais le jour où le Jean-Pierre Foucault japonais est venu y installer ses équipes pour un direct de l'émission gastronomique culte *Iron Chef*, suivie par... vingt millions de téléspectateurs dans l'archipel. « *Je me suis retrouvé déguisé en marquis, avec une cape et des broderies, il faut bien jouer son rôle* » se souvient avec humour l'héritier Brissac[1]. À Ussé, plusieurs films ont été tournés, parfois inspirés

1. Entretien avec l'un des auteurs.

des contes de Perrault comme *Aurore* de Nils Tavernier, avec Carole Bouquet et François Berléand. « *Ça me rapporte peu, dix mille euros, mais j'enregistre 10 % d'entrées en plus dans les deux mois qui suivent* » explique Casimir de Blacas.

Un comte, Denis de Kergorlay, membre de la Demeure historique, sorte de syndicat des châtelains, décrit cette évolution : « *Pour rester vivant, le château de famille doit muter, ou à tout le moins muer : changer de peau, mais garder la chair. Devenu trop grand et trop lourd pour une famille d'aujourd'hui ? Alors il doit impérativement ouvrir ses portes au-delà des frontières familiales. C'est une question de survie, mais ce peut être aussi une aventure passionnante.* »[1] Lui-même possède le château de Canisy en Normandie, rue Kergorlay précisément. Il en a fait un haut lieu de rendez-vous internationaux. L'institut Aspen et la Fondation royale de Londres y tiennent leurs meetings importants. L'été 2001, il a même accueilli un colloque sur les relations transatlantiques en présence notamment d'Hubert Védrine, alors ministre des Affaires étrangères, Édouard Balladur et Richard Perle, conseiller au Pentagone. Grâce à ses relations haut placées, le comte de Kergorlay fomente aussi des « week-end de décloisonnement » réunissant des PDG, musiciens, financiers, experts internationaux et quelques piliers de la droite ou de la gauche françaises.

Pour les touristes, la présence du propriétaire des lieux est un plus. « *Quand mes enfants traversent la cour à bicyclette, entourés des chiens, ça cartonne !* » s'amuse Casimir de Blacas. Aujourd'hui il mène grand train, vit entre Ussé, Bruxelles, les États-Unis et Genève pour ses affaires. « *Sur ma feuille d'impôts, je suis*

1. www.canisy.com.

avocat et agriculteur ! Je sais conduire une moissonneuse-batteuse » mime-t-il, en costume, très chic même le week-end. On sent une certaine fierté derrière cette réussite, même si le duc s'en défend. « *J'aime le principe d'avoir un des plus beaux châteaux d'Europe* » concède-t-il. Au village, un homme lui a dit un jour : « *Avec le Casimir, c'est la seigneurie qui se reconstitue !* » Ça l'avait fait rire.

Charles-André de Brissac, encore jeune, doit, lui, rester au château pour y faire ses preuves, y élever ses quatre enfants, et peut rarement s'échapper du domaine. Au grand dam de son père qui a logiquement fait rentrer son fiston au Jockey Club, sans l'y voir beaucoup !

L'objectif financier est toujours le même : dégager suffisamment d'argent pour vivre au château, l'entretenir, puis le transmettre un jour aux descendants. Voilà pourquoi le marquis de Breteuil, propriétaire du château du même nom en région parisienne, organise depuis 2005 le salon Chamania, un grand raout de félins. Plus de deux cents chats participent à ce concours international dont le marquis perçoit la moitié des droits d'entrée. Voilà pourquoi les La Rochefoucauld ouvrent maintenant toute l'année les portes de leur immense château du nord-est charentais aux amoureux du patrimoine. Ou pourquoi les La Panouse ont transformé leurs propriétés, dont le célèbre château de Thoiry, en un réseau de parcs animaliers.

Les grandes particules n'ont jamais autant tenu à leurs donjons. Ils y engloutissent parfois tous leurs revenus. Comme Nicolas de Tavernost. Chaque week-end, le PDG de M6 part se ressourcer avec femme et enfants sur ses terres familiales, à Cesseins dans l'Ain (une commune dont son père a été maire pendant plus de vingt ans), au château de Vataneins, construit sur cent hectares de terrain. Le baron de la télé a pu racheter à ses nombreuses sœurs leurs parts grâce à ses *stock-options.* Ils y assurent eux-mêmes de menus travaux, comme le banquier Gilles de Baudry d'Asson, membre du Jockey : après avoir réussi à racheter à son cousin le château qui porte son nom, il a repeint vingt-trois pièces pendant son temps de loisir [1]. Le marquis Jean-Charles de Castelbajac, lui, a même quitté il y a une quinzaine d'années le tumulte de la vie médiatique parisienne pour un retour aux sources en son château familial de Loubersan, face aux Pyrénées. « *Un château d'enfant avec une grande cour carrée. Comme un gros jouet* » explique-t-il [2]. Six fois par an, le couturier vient s'y reposer, « *avec ce qu'il faut d'amis et de provisions pour quelques jours de joyeuse autarcie* ». Le château fait souvent office de lieu de rassemblement familial. Les Rohan-Chabot, grande famille d'hommes politiques et l'une des plus illustres de la noblesse bretonne (leur devise : « *Roi ne puis, Prince ne daigne, Rohan suis* »), ont fêté en septembre 2008 leurs mille ans au château de Josselin en Bretagne.

Mais il manque parfois un membre de la famille pour se lancer dans l'aventure. Les d'Ormesson ont vendu le château de Saint Fargeau (Yonne) où l'écrivain et académicien Jean d'Ormesson a passé son enfance. Quant aux Sabran, ils ont fini par perdre le château d'Ansouis en Provence en 2007 à force de s'entredéchirer. Cette petite merveille architecturale était pourtant propriété de la famille depuis... 1178, c'est-à-dire du temps d'Aliénor d'Aquitaine ! Et c'est dans ces murs que Gersande de

1. *Gens de noblesse*, François de Coustin, Flammarion, 1989.
2. *L'Express*, 27 juillet 2006.

Sabran s'est mariée avec le fils du comte de Paris, en présence des familles royales venues de toute l'Europe. Mais l'histoire féérique n'a pas résisté aux querelles de famille. Et une vente aux enchères a finalement été ordonnée par la justice après vingt ans d'indivision.

Les cercles concentriques

Le tumulte de la rue du Faubourg Saint-Honoré et du ballet des voitures officielles quittant l'Élysée est déjà loin. Une fois les marches du Cercle de l'Union interalliée gravies, on entre dans une bulle. Les membres du club et leurs invités glissent d'une pièce à l'autre, en silence. Le tapis rouge étouffe les pas et les conversations. Le personnel vous salue, s'enquiert de votre santé. Les pièces très hautes de plafond succèdent aux petits salons or et bleu qui n'ont de petit que leur nom. Un valet de pied en costume noir vous conduit aimablement à votre rendez-vous, dans un salon donnant sur un parc à l'anglaise. En chemin, des tableaux de personnalités des siècles passés vous dévisagent. Ici, dans l'un des clubs les plus élégants de la capitale, les téléphones portables sont interdits. Aujourd'hui l'Insead, prestigieuse école de management, réunit quelques anciens élèves. Le très mondain Gonzague Saint-Bris – encore un fils de comte romain – parle de son dernier livre devant un parterre de sexagénaires en extase. Une vieille dame, lunettes de soleil sur le nez, passe : « *Où est la comtesse de la Bourdellière ?* »

Yves-Thibault de Silguy (Vinci), Arnaud de Puyfontaine (ex-Mondadori), Dominique de Villepin, Hélène Carrère d'Encausse viennent déjeuner à l'Interalliée avec leurs clients, leurs amis, jouer au squash ou conclure une affaire à l'abri des regards indiscrets. Les voisins, en l'occurrence les Sarkozy, organisent une *garden-party* à l'Élysée ? L'Interalliée aussi. Ce cercle a été créé en 1917 pour accueillir les personnalités de l'Entente (d'où le nom « inter-alliés »). L'hôtel particulier, propriété d'un Rothschild, est une des plus belles demeures de Paris. Le club n'est pas exclusivement aristocrate, comme le Jockey. Mais ses membres sont choisis parmi la fine fleur de la société. Deux cent quatre-vingt une personnalités du *Who's Who* fréquentent d'ailleurs ses couloirs. Et à sa tête, ne siègent que des grandes figures de l'aristocratie, comme le prince Gabriel de Broglie, Olivier Giscard d'Estaing, le comte Édouard de Ribes. Les membres du Nouveau cercle de l'Union, un cercle cousin où est née l'idée d'une Société des Nations et du droit de vote pour les femmes, sont aussi les bienvenus ici. On ne devient pas membre de l'Interalliée en tant que représentant d'une tendance politique, d'une institution culturelle ou d'une entreprise, mais en tant qu'individu « honorable et de bonne réputation », représentant une famille et un milieu. La sélection est drastique : à défaut de ses lettres de noblesse, il faut montrer patte blanche lors d'un entretien de motivation. Ensuite, votre dossier est affiché pendant huit jours à la vue de tous les membres, pour que d'éventuels vetos soient opposés.

Comme l'Interalliée et le Jockey, il existe une vingtaine de clubs ou cercles ultrasélects, essentiellement à Paris. « *Vivre hors de la cour, aujourd'hui comme hier, c'est vivre dans le noir !* » glisse le prince Bernard de Polignac, descendant d'un président de l'ANF[1]. Les plus prestigieux sont trustés par les aristocrates. Il y a l'Automobile Club (situé place de la Concorde), la Maison de la chasse et de la nature (qui accueille la très chic soirée de

1. Entretien avec l'un des auteurs.

gala d'ouverture de la chasse dans les salles voûtées de l'hôtel de Guénégaud où elle tient ses quartiers) ou le MBC (anciennement Maxim's Business Club). D'autres sont mixtes, comme le Yacht Club, le Saint James ou le Polo de Paris. Les trois mille familles adhérentes, dont les Giscard d'Estaing, les Rothschild, les Silguy, les Blacas, viennent dans cet écrin de verdure de huit hectares, niché au creux du bois de Boulogne, pour sa piscine, ses dix-sept courts de tennis, son practice de golf et sa salle d'escrime, moyennant un droit d'entrée de... dix mille euros par famille et à vie. « *Pénétrer dans un cercle, c'est partir en voyage dans une contrée peuplée par une seule ethnie : tout le monde se ressemble* » écrivent les Pinçon-Charlot[1].

Les gens qui n'appartiennent pas à ce monde ne savent pas qu'il existe. Ce sont des lieux fermés, méconnus, qui n'ont guère évolué depuis le début du siècle dernier. Les palaces internationaux tolèrent les baskets aux pieds ? Pas les cercles. La cravate est exigée partout, sauf à la piscine : en cas d'oubli, on vous en prête une. Dans une société de l'instantanéité, les postulants peuvent attendre jusqu'à cinq ans pour devenir membres. « *Plus l'entrée est étroite, mieux elle souligne le rang social* » explique un autre spécialiste des grands noms français, Éric Mension-Rigau, lui-même héritier de la dynastie aristocrate des Mension-Rigau. On n'y entre que par cooptation, *via* des parrains ou de père en fils. Inutile donc de posséder un bateau somptueux pour entrer au Yacht Club ou de savoir monter à cheval pour intégrer le Polo (seule une trentaine de familles membres maîtrisent ce sport). Les cercles sportifs et mondains servent d'oasis sociale où l'élite aime à se retrouver. Le grand monde est petit. Certains

1. *Les ghettos du gotha*, Seuil, 2007.

conçoivent le montant du droit d'entrée comme un investissement personnel, « une maison à la campagne », ou professionnel, « le réseau peut s'avérer utile ». Ces institutions, de l'extérieur, peuvent être jugées désuètes. On imagine de vieux messieurs jouant aux cartes, lisant *Le Figaro* en fumant le cigare. Faux ! Les clubs forment une toile d'araignée puissante. L'Auto est par exemple à l'origine du premier Code de la route (1905) et de la création de Mondial assistance.

À des degrés divers, les membres y cultivent leur réseau. En toute discrétion car, officiellement, on n'y parle ni affaires ni politique : le règlement du Tir aux Pigeons – où l'on tire sur des cibles en plastique et non plus sur des pigeons depuis belle lurette – le stipule même. Prenons le MBC. Cofondé en 1968 par l'aristocrate Jean Poniatowski *(Vogue)*, il compte parmi les clubs d'affaires les plus actifs de la capitale. Valéry Giscard d'Estaing, Hélène Carrère d'Encausse, Nicolas de Tavernost, Alain Juppé se pressent au Fouquet's pour ses petits-déjeuners économiques, ses déjeuners-débats ou ses causeries littéraires. Certains jouent les cumulards et grenouillent dans plusieurs cercles, comme Marc Ladreit de Lacharrière (Jockey, Interalliée, Siècle...). Encore une fois, ceux qui refusent le système, vivent à l'écart et boudent ces mondanités organisées entre soi sont une exception. Comme Christophe de Margerie, patron du groupe pétrolier Total. Le frère de sa mère, Pierre-Christian Taittinger, était pourtant président de l'Interalliée.

Bien avant Facebook, les aristocrates avaient déjà constitué un solide et solidaire réseau social. Le *Bottin Mondain*, l'annuaire des gens bien nés, dont nous avons déjà parlé, paraît depuis 1903. Y figurent adresses et numéros de téléphone de ses membres, y compris ceux sur liste rouge, plus quelques portables. Le précieux annuaire ne tombera pas dans n'importe quelle main, puisque seuls ses membres l'achètent ! Y être, c'est en être. Aujourd'hui et plus que jamais, les mères de famille consultent le « Béème » avant de donner leur bénédiction aux fiançailles de leur fille. Nombre de patrons se le procurent chaque année pour situer leurs collaborateurs. Malgré la crise, il s'en vend aujourd'hui plus d'exemplaires qu'il y a vingt ans. « Le Bottin *accueille davantage les personnes que les noms, et les valeurs plus que les titres* » souligne l'ouvrage qui précise avec humour : « *La fortune ou le snobisme ne sont en aucun cas un critère de sélection.* » Depuis une dizaine d'années, les enfants nés hors mariage sont intégrés, au grand dam de certaines familles conservatrices. Laurent Fabius et Arielle Dombasle auraient été biffés de la liste. Pour « manquements moraux », une des conditions du délistage ? Mystère...

Plus de 40 % des membres du *Bottin Mondain* sont aristocrates, et un tiers ont aussi leur nom dans le *Who's Who*. Cela prouve simplement que nos « aristos » font de brillantes carrières. Car la liste mondaine n'a rien à voir avec l'annuaire des réussites professionnelles. C'est le combat de la naissance face au mérite. Pour rejoindre les dix mille familles du *Bottin*, il faut impérativement être parrainé et prouver sa bonne moralité (en plus d'acheter l'ouvrage). Tandis que le *Who's Who* choisit ses inscrits en fonction de leur carrière, notoriété et talent. Et si n'importe qui est libre de consulter sur Internet la fiche d'un membre du « *Qui est qui ?* », le *BM* se refuse à jeter sur la Toile les références de ses hôtes. Par souci de discrétion. Il est des mythes qui résistent à la marche du temps.

Les aristos, aussi adaptés aux temps modernes soient-ils, restent les tenants d'une certaine tradition. Depuis des siècles les termes dévouement, vertu et honneur résonnent dans leurs foyers. Ce sont aussi les plus grands défenseurs d'une Europe chrétienne, d'une France catholique, censée être la « fille aînée de l'Église ». La tradition, c'est leur marque de fabrique, et c'est bien ainsi qu'ils se reconnaissent entre eux. Ils sont fiers de s'autoproclamer garants d'une éthique et se fichent de savoir si elle est partagée par d'autres milieux. Bien sûr, certains transgressent ces bons principes en catimini, tout en les brandissant publiquement en étendard. Mais l'inconscient collectif reste pétri de ces valeurs millénaires. Le respect de la parole donnée, l'engagement pour des causes perdues, la recherche de l'élégance, le panache : cela a beau paraître totalement désuet, c'est encore primordial aux yeux des aristocrates d'aujourd'hui. Les femmes travaillent et n'ont plus le temps d'apprendre à leurs enfants les bonnes manières ? Une amie s'en charge. Françoise de Castilla, organisatrice des rallyes Châteaux, a mis au point en 2009 des cours baptisés Élégance oblige pour les jeunes de quatorze ans. Pendant que leurs petits copains font de l'escrime ou de la danse, eux apprennent, sous forme de jeux de rôles, à dire bonjour monsieur, à ne pas s'enfoncer dans un canapé, et à faire un baisemain. Certaines prennent même le parti d'en faire leur fonds de commerce en publiant des manuels de savoir-vivre, comme Nadine de Rothschild ou Hermine de Clermont-Tonnerre. En revanche, exporter son nom reste un tabou. « *Le jour où mon père, le prince de Polignac, a lancé les cognacs Prince Hubert de Polignac, il s'est fait incendier par ses amis !* » raconte son fils. Au point de devoir retirer sa candidature au Jockey Club sous peine de se voir « blackbouler ».

À l'heure de l'individualisme triomphant, les aristos restent très attachés à la famille. « *Les grands ont de grandes familles* » disait le sociologue Pierre Bourdieu. Et ils aiment se réunir. En 2004 il aura fallu à *Paris Match* une double page pour la photo de famille des Wendel, celle du baron Seillière. Pour leur tricentenaire, les huit cents membres de la tribu avaient organisé une messe dans le septième arrondissement, puis un buffet géant au musée d'Orsay, loué pour l'occasion.

S'ils appellent leurs rejetons Gonzague, Stanislas ou Henri, ce n'est pas tant par goût du prénom que pour les inscrire dès la naissance sur la liste familiale. Nicolas de Tavernost a pour deuxième prénom Abel, comme son grand-père. Et il a appelé son fils aîné Antoine, comme son propre père. Valéry et Anne-Aymone Giscard d'Estaing ont baptisé leur fille Valérie-Anne. Très souvent aussi, le deuxième prénom est religieux ou royal. Dominique de Villepin et Henri de Castries ont en commun leur deuxième prénom, Marie, en référence à la Vierge. La fille du duc de Cossé-Brissac s'appelle Marie-Antoinette, même si elle se fait appeler Marie. Plus original, Josselin de Rohan-Chabot tient son prénom du village breton où se situe le château de famille et dont il a été maire. Son père se prénommant Alain, il ne pouvait qu'être baptisé Josselin en vertu d'une tradition familiale, selon laquelle le premier-né est alternativement doté de l'un ou de l'autre prénom depuis quatre générations.

Le milieu est en apparence très misogyne. La place des femmes reste relativement marginale. Depuis des générations, elles sont responsables de l'éducation des enfants, de l'organisation des rallyes et des mariages. « *En entrant dans les bureaux, les femmes sont sorties de la société* » estime l'un d'eux[1]. De l'extérieur, il paraît désuet, voire humiliant, de cantonner la moitié de l'humanité à ce rôle de mère, d'épouse et de maîtresse de maison. Seulement, dans ce milieu où le vernis social est primordial, elles tiennent en réalité un rôle de choix. « *Chaque sexe a une fonction déterminante pour le groupe,* analyse la sociologue Monique Pinçon-Charlot. *Le travail de gestion du capital social est dévolu aux hommes à l'intérieur des clubs. Les femmes se chargent quant à elles de la reproduction sociale à travers la famille.* »[2] Leur statut a globalement peu évolué même si la première féministe, auteur de la Déclaration des droits de la femme et de la citoyenne, porte un nom à rallonge, Marie-Olympe de Gouges (elle s'appelle en réalité Marie Gouze). Les aristos ne sont pas portés sur le féminisme, cela se saurait ! Le baron Pierre de Coubertin, célèbre rénovateur des Jeux Olympiques, se montra toujours hostile à la participation des femmes. « *Leur rôle devrait être surtout, comme aux anciens tournois, de couronner les vainqueurs* » dit-il un jour. Il faudra attendre qu'il soit écarté des décisions pour qu'elles puissent participer officiellement aux Jeux d'Amsterdam en 1928. Et la seule femme à qui la monarchie accorda le titre de duchesse, Madame de Tourzel, dut se laisser emprisonner au Temple avec la famille royale pour obtenir un tel honneur. On a vu des hommes faits ducs pour moins que cela.

Aujourd'hui encore, le prince Bernard de Polignac interdit aux épouses de ses amis chasseurs de les rejoindre lors du dîner organisé le soir après la battue au château. « *La chasse est une*

1. Documentaire *Voyage dans les ghettos du gotha,* France 3, 20 octobre 2008.
2. *Le Figaro,* 14 mars 2006.

chose sérieuse, nous restons entre hommes » explique-t-il sans sourciller. Leur présence est limitée dans la plupart des cercles. Ainsi, L'Auto est réservé à la seule gent masculine : les femmes ne sont tolérées qu'à certains étages. Au Jockey, les femmes ne sont invitées qu'en tant qu'épouses, veuves ou filles de membres et doivent être accompagnées d'un homme (et uniquement au troisième étage). À l'Interalliée, les femmes n'ont toujours pas le droit de vote. Un comble, alors qu'elles peuvent se rendre aux urnes depuis 1945 ! L'évolution de la société pousse tout de même certains clubs à modifier leur règlement : au Travellers, club à l'origine 100 % masculin dont les ambassadeurs sont automatiquement membres, les femmes diplomates sont désormais accueillies, bon gré mal gré.

Peu de femmes à particule se rebellent contre cette réticence à la mixité. Mais certaines prennent le parti de se regrouper pour exister. Au MBC, une centaine de femmes se retrouvent au Fouquet's pour discuter avec des personnalités du monde culturel lors du « déjeuner des contemporaines ». *Idem* à l'Interalliée où les Potins de femmes permettent aux comtesses de dialoguer avec des personnalités éminentes, exclusivement féminines s'entend. En somme, ces dames tiennent salon, comme au XVIIe siècle. Mais nous verrons aussi que nombre d'entre elles font de belles carrières en politique, dans la finance ou la culture.

Tu seras franc tireur, mon fils

Le prince Bernard de Polignac, le fils de Hubert dont nous venons de parler, reçoit dans son superbe appartement, à deux pas des Champs-Élysées. L'homme est discret, sur la réserve. Dès le vestibule, une toile représentant un sanglier dans les bois.

« *Vous savez, je suis resté très rural* » explique-t-il, en costume, l'air emprunté, dans un vieux canapé surmonté d'un tableau de maître. On peine à l'imaginer arpentant les bois humides, au clair de lune, une carabine à l'épaule, sur ses terres du Maine-et-Loire. Le prince est pourtant un grand passionné de chasse, auteur de multiples ouvrages sur la question. Un de ces hommes capables de se lever à l'aube, seul, malgré la pluie pour approcher le gibier en silence, en prenant soin de rester à bon vent. « *Je suis né dans un milieu chasseur. La bonne qui m'a élevé était une braconnière hors pair : elle m'a appris à tendre un piège ou un collet. J'ai passé mon permis le jour de mes seize ans* » raconte-t-il. Le prince et son épouse, née La Rochefoucauld, sont des habitués du *Bottin Mondain* et du *Who's Who* : lui a été un grand expert en estimations immobilières.

Le prince précise d'emblée qu'il ne chasse qu'avec des gens de son milieu. C'est d'ailleurs le cas de nombreux nobles ! Pourquoi ce souci de rester entre soi ? « *Un aristocrate n'est pas un viandard, il ne revendique jamais un animal qui tombe. Chez moi vous ne verrez jamais deux hommes se disputer un sanglier abattu.* » Le prince s'offre aussi quelques virées annuelles en Afrique : éléphants, lions, jaguars, tout y passe, dans les règles de l'art. « *C'est une chasse à l'approche, en solitaire. Je ne cherche pas le piment du danger mais la qualité de la chasse. Songez qu'il faut tromper l'odorat de cinquante animaux !* » Là-bas aussi, il évite les fanatiques de la traque moins bien nés : « *Nous demandons toujours à être seuls sur le camp. Les autres chasseurs tirent sur n'importe quoi, rient, se disputent, se plaignent que les oiseaux ne volent pas vers eux.* » Sans compter que ces camps sont souvent des « *bordels* » ajoute-t-il. « *Un jour, le chef du camp est venu me voir pour me demander quel était le problème avec ses filles : elles étaient au chômage technique depuis notre arrivée.* » À l'écouter, lui et ses semblables forment... l'aristocratie de la chasse.

Comme lui, de très nombreux aristocrates ayant réussi dans les affaires, la politique ou l'art ont conservé un goût pour le chien de fusil et la ruralité. Certes, ils sont loin d'être les seuls, surtout depuis que, là encore, la grande bourgeoisie s'est appropriée ce rituel typiquement « aristo » : les hommes d'affaires Martin Bouygues ou Patrick Ricard, les politiques François Baroin ou Hervé Morin tirent sur de très beaux domaines, en Sologne notamment. Mais comme par hasard, les sénateurs Ladislas Poniatowski et Roland du Luart, le député Louis Giscard d'Estaing, les grands patrons Henri de Castries (Axa), Yves-Thibault de Silguy (Vinci), Yves de Chaisemartin (Altran) participent aux chasses de la République, ces grandes battues au sanglier organisées plusieurs fois par an sur le domaine du château de Chambord. Ils figurent parmi les cinq cents heureux élus qui y participent gratuitement chaque année, aux frais de l'État à hauteur de trente mille euros la journée. Ces seigneurs rôdent dans les sous-bois, une carabine à l'épaule, prêts à tirer. Ces battues, les anciennes « chasses présidentielles », avaient été créées par Georges Pompidou. Par la suite, VGE chargera Geoffroy de Rocquencourt de développer le domaine. Puis François Mitterrand fera de même avec un certain François de Grossouvre. Depuis que cette chasse officielle a été supprimée – sur le papier – par Jacques Chirac (elle existe toujours mais sous l'appellation un rien hypocrite de « battue de régulation »), le rituel est resté immuable : une ambiance cordiale, mais une discipline stricte, très protocolaire, selon certains participants.

Nos aristocrates se retrouvent plus régulièrement en Sologne sur les terres des Bouygues ou des Pozzo di Borgo, chez le duc de Luynes à Dampierre, chez Charles-Henri de Ponchalon (président de la Fédération nationale des chasseurs) ou chez Gilbert de Turckheim (président de la Fédération européenne des chasseurs), dans les immenses et sombres forêts alsaciennes.

La liste des chasseurs à particule est infinie. On se souvient de la passion de Valéry Giscard d'Estaing. Alors président de la République, il passait de longues heures avec ses invités à taquiner le sanglier sur le domaine de Rambouillet, résidence officielle des chefs d'État. Mais aussi en Afrique où il aurait personnellement inscrit au moins cinquante éléphants à son tableau sur les domaines centrafricains mis à sa disposition par le président devenu empereur Jean-Bedel Bokassa. Selon *Le Canard Enchaîné*, l'Élysée fera d'ailleurs rechercher et supprimer toutes les photos de Giscard chassant. Même l'écrivain Jean d'Ormesson se décrit comme un « *enfant des chasses à courre et des bibliothèques* ». Ces messieurs – les dames chasseresses sont rares – quittent Paris le week-end et disparaissent dans leurs propriétés pour des battues endiablées. Ces parties de chasse, avec plume de faisan sur le chapeau, conversations mondaines et cocktail très chic le soir venu, n'ont pas changé d'un iota depuis la célèbre scène du film *La règle du jeu*, de Jean Renoir, tournée en 1939. Pourquoi les aristocrates aiment-ils à ce point caresser une arme à feu ? La sociologue Monique de Saint-Martin avance une explication : « *Ils affectionnent des activités où la manière d'être, de paraître et de faire – style, fair-play – compte souvent plus que la performance elle-même.* »[1] En fait, les familles nobles

1. *L'espace de la noblesse*, Éditions Métailié, 1993.

ont un goût atavique pour la cynégétique, pourtant devenue politiquement incorrecte. « *C'est dans le sang, comme disent les gens du peuple* » écrit le comte d'Haussonville, de l'Académie française [1]. Jusqu'à la Révolution, seuls les nobles avaient le droit de tirer un animal en vertu du privilège du droit de chasse. Aujourd'hui encore ils peuvent faire plumer leur gibier et fabriquer leurs terrines... au Jockey Club.

En réalité, plus un loisir semble devenu dépassé, à contre-courant de l'évolution de la société, plus nos aristos se passionnent pour lui. Chasse, mais aussi chasse à courre, élevage de chevaux, polo (surnommé le « sport des rois ») ont leur faveur. « *Nous sommes un peu des chevaliers, des guerriers qui s'affrontent en tournoi* » avance Bernard de la Villardière, le populaire animateur de M6, cavalier et joueur de polo émérite. Le père de sa femme, Anne de Savignac, est au Jockey et à l'ANF. Une autre activité éminemment aristocratique, plus que le polo, a pris des allures aussi ritualisées que la chasse : il s'agit du golf, un sport d'origine anglaise. Certes, nombre de bourgeois arpentent également les *greens*, mais les aristocrates au pouvoir ont systématiquement en commun cette passion. À croire que pousser la balle permet d'entrer dans le cercle. Des sommités comme David de Rothschild, Henri de Castries, Patrick de Carolis, Nicolas de Tavernost, Arnaud de Puyfontaine sont des adeptes. Ils fréquentent généralement les trois « saints » : Saint-Cloud, Saint-Nom-la-Bretèche, Saint-Germain. Voire, pour les plus introduits, le golf de Morfontaine dans l'Oise, dirigé par Anne-Marie de Chalambert, présidente de Generali Immobilier. Ce club,

1. *Préface de Réflexions d'un vieux veneur sur la chasse du cerf du marquis de L'Aigle*, Éditions Manzi Joyant, 1913.

fondé par le duc de Gramont, a été racheté par ses membres en 1987. Les joueurs jouent donc « chez eux ». Le droit d'entrée coûte plus de vingt mille euros. Parmi les copropriétaires, on trouve Édouard de Rothschild, Jean de Yturbe, les Cossé-Brissac. Selon un joueur privilégié, « *les* fairways *sont manucurés, les* greens *tiennent remarquablement la ligne. La bruyère rajoute au sublime de l'endroit* ». C'est en outre le seul golf français classé parmi les cent premiers mondiaux par *Golf Magazine.* Là encore, inutile d'exceller dans l'art du *push* ou du *swing*, les qualités sociales priment sur les qualités sportives. Ainsi le marquis Christian de Luppé, propriétaire du château de Beaurepaire situé non loin du golf de Chantilly, a intégré ledit golf en un tour de main, sans avoir eu à patienter des années sur la liste d'attente comme les candidats ordinaires, alors même qu'il s'avoue piètre golfeur [1].

1. *Les ghettos du gotha, op. cit.*

II

LA RÉPUBLIQUE OU LA MORT

Où l'on apprend que le ministre-marquis Henri de Raincourt se fait appeler « Riton » au village. Comment l'UMP fait grimper les particules. Victoire, Chirac et Fillon ont leurs châteaux ! Balladur et ses laquais Grand siècle. Quand les aristos mordent pour sauver leur niche fiscale... ou interdire au roi de manger des cailles. Et l'Éna doit s'excuser d'avoir amputé la particule de ses élèves.

Le village de Saint-Valérien, dans l'Yonne, est situé à une heure et demie de Paris. C'est déjà la Bourgogne, ses maisons en pierre blanche, la campagne rieuse, plate, les champs à perte de vue. Saint-Valérien, mille cinq cents habitants, est un bourg comme les autres, avec son église fermée, son café en bord de route, sa fête des pompiers qui se prépare. Direction la mairie, une maisonnette sur deux étages aux balcons fleuris. Assis à la table du conseil municipal, Henri de Raincourt, lunettes sur le nez, cheveux gris tirés en arrière et en costume cravate en ce samedi du mois de juin, lit la presse locale en silence. Par la petite fenêtre ouverte, l'on entend les cloches de l'église.

Il est dix heures. Il se lève, pour un petit tour dans le village. Henri de Raincourt – les blagueurs du bistrot, où il prend un petit noir au comptoir le week-end, l'appellent « Riton » – joue désormais au modeste conseiller municipal. À Paris, il compte parmi les ministres influents, chargé des Relations avec le Parlement. Sa vie est un grand écart perpétuel, entre son village natal et les palais de la République. Le voilà saluant sur la place de la mairie une grand-mère frêle d'un « *Comment va la santé madame Thibault ?* »

En 1977, il se fait élire ici « *contre toute attente* », dès le premier tour[1]. Il n'a pas trente ans. Le voilà sur les traces de son père, éminent sénateur de l'Yonne et maire de la commune. Chez les Raincourt, on porte l'écharpe tricolore depuis plusieurs générations, comme des légions d'aristocrates. « *Mais nous avons toujours eu la courtoisie de laisser respirer les électeurs entre deux candidats de la famille* » s'amuse-t-il. Dans la rue principale, quatre jeunes, jogging sous le genou, casquette de travers sur la tête, lui donnent du « B'jour m'sieur d'Raincourt ». « *J'entendais parler politique tout le temps à la maison. Mon père était très apprécié des gens* » explique-t-il. Sa mort soudaine, dans un accident de voiture à la sortie du village, a été un grand moment d'émotion collective. Depuis, une rue porte son nom. « *J'avais dix ans. Par la suite, j'ai voulu prendre le relais. Naturellement, sans calcul. Je n'avais aucune ambition à l'époque.* » Sinon celle de poursuivre l'aventure familiale. Maire depuis seulement trois ans, il se fait élire conseiller général de l'Yonne, en 1980 – comme son grand-père et son arrière-grand-père – puis sénateur en 1986. Si certains le disent hautain dans les couloirs du Parlement, il manie sur ses terres la modestie avec brio. « *Je n'ai aucun esprit de domination. J'ai été éduqué dans l'humilité et le service.* » Pendant qu'il serre de nombreuses mains dehors, avec cette raideur que conservent certains fils de famille, la serveuse

1. Entretien avec l'un des auteurs.

du café confie : « *C'est un super monsieur, il ne fait pas sentir qu'il est de la haute.* » « *Il est pas baron ou marquis ?* » lance un client, fier d'avoir partagé les bancs de l'école du village avec les quatre sœurs Raincourt. Au bout d'une allée de tilleuls odorants, une grosse maison surgit. Son « château », comme disent les administrés. Monsieur de Raincourt s'engouffre chez lui.

Nous le retrouvons quelques jours plus tard, au Sénat. Il fait les cent pas dans son immense bureau d'angle, d'une cinquantaine de mètres carrés, avec vue sur les jardins du Luxembourg. Même cravate et veste bleues, même distance polie. « *Je ne souffre pas de dédoublement de personnalité, je reste le même homme.* » Lui, agriculteur de profession comme son père, est entré au gouvernement de François Fillon. Même en rêve, il n'aurait pas songé à une telle ascension. Un jour, le chef de l'État s'était pourtant emporté contre lui en petit comité, le qualifiant d'« *aristo profond au sens de creux* ». Il s'était aussi moqué de « *la coiffure* XIXe *de ce ringard* ». L'élu-ministre le sent. « *Je traîne une image qui n'est pas porteuse.* » L'influent sénateur retourne à ses dossiers estampillés République Française.

Des champs aux palais

Les gens du village ont souvent fait du vélo avec les « gamins du château », puis chassé avec les « fils de monsieur le comte ». Le jour venu, ils sont fiers de porter à leur tête celui qui joue, plus ou moins consciemment, le rôle ancestral de seigneur local. À l'instar d'Henri de Raincourt, des cohortes d'aristos tiennent encore en partie les campagnes françaises au XXIe siècle. Le sénateur Josselin de Rohan, président de la commission des Affaires étrangères du Sénat, a dirigé la petite mairie de Josselin

(Morbihan), située place Alain de Rohan, pendant trente-cinq ans. Le très élégant Roland du Luart, vice-président de la Haute Assemblée et son plus ancien hôte, est élu municipal du village de la Sarthe qui porte son nom et celui de ses ancêtres. Le phénomène ne joue pas seulement pour les politiques : Augustin de Romanet, directeur général de la Caisse des dépôts, a assisté pendant vingt ans au conseil municipal de Bellême (Orne), un village invisible sur la carte de France. Henri de Castries, PDG d'Axa, a été élu sans discontinuer de 1983 à 2001 conseiller municipal d'Abitain, une minuscule commune de six cent cinquante âmes des Pyrénées-Atlantiques. Les politiques à particule ne dérogent jamais à la règle. « *C'est une manière d'être présent, de s'acquitter des obligations héritées de leurs ancêtres par rapport aux gens du village* » explique la sociologue Monique de Saint-Martin[1]. Une sorte de devoir social, en somme. « *Je n'avais aucun goût pour la politique, mais je n'avais d'autre choix que de m'investir, ayant devant moi quatre générations de députés et sénateurs* » raconte le prince Bernard de Polignac, à qui est arrivé une aventure plus fréquente qu'elle n'en a l'air : il s'est vu confier l'écharpe tricolore sans s'être présenté dans son village d'Anjou ![2] Patrick de Carolis, PDG de France Télévisions, s'est lui aussi retrouvé en 2001, à son corps défendant, à la table du conseil municipal de Rocamadour (Lot) où il possède une propriété. « *Ils savent serrer des mains en toute circonstance, rien d'étonnant à ce que les gens les plébiscitent !* » s'amuse une connaisseuse.

Leurs pères avant eux ont présidé aux destinées de ces milliers de villages du terroir. À croire qu'au moment de l'héritage, la

1. *L'Espace de la noblesse, op. cit.*
2. Dans les communes de moins de deux mille cinq cents habitants, les électeurs peuvent voter pour une personne qui n'est pas candidate.

mairie figure au testament ! Louis Giscard d'Estaing, fils de l'ancien président, est maire de Chamalières en Auvergne, là où son illustre père, alors conseiller municipal, s'était déclaré candidat à l'Élysée. L'arrière-arrière-grand-père de Josselin de Rohan avait déjà investi la mairie de Josselin. Citons encore le ministre Michel Poniatowski, ex-maire de l'Isle Adam (Val d'Oise), une commune désormais aux mains de son fils, Axel, député. « *Nous avons cela dans les gènes* » affirme Roland du Luart, vice-président du Sénat[1]. « *La politique, c'est une sorte de virus familial* » tranche Blanche de Kersaint, du *Bottin*, qui intègre désormais les responsabilités électorales dans sa liste mondaine. Elle n'hésite pas à parler de « *relents de vieille monarchie* » : « *Quand vous êtes maire et châtelain, vous contrôlez les taxes, les impositions, comme à l'époque féodale* »[1]...

Ce goût pour le pouvoir les conduit tout naturellement des champs aux palais. Celui de l'Élysée a d'ailleurs été construit au XVIIIe siècle par Louis Henri de la Tour d'Auvergne, comte d'Évreux. C'est là, au sommet de l'État, que leur influence devient troublante. La Ve République n'a-t-elle pas vu défiler deux, voire trois présidents aux conventions aristocrates : VGE, bien entendu, mais aussi Nicolas Sarkozy et un certain Charles de Gaulle, dont on ne sait toujours pas si les ancêtres ont été anoblis ou non ? Les *first ladies* ne sont pas en reste. Citons Anne-Aymone Giscard d'Estaing née Sauvage de Brantes, et Bernadette Chirac, née Chodron de Courcel. Viennent deux Premiers ministres (Maurice Couve de Murville et Dominique de Villepin), quatre ministres des Affaires étrangères (Couve, Louis

---

1. Entretien avec l'un des auteurs.

de Guiringaud, Villepin et Hervé de Charette[1]), une kyrielle de ministres et secrétaires d'État (Gilles de Robien, Renaud Donnedieu de Vabres, François d'Aubert, Jean de Boishue, Thierry de Beaucé, Jean de Broglie, Charles de Chambrun, Christian de la Malène, Hélène Dorlhac de Borne, Jean de Lipkowski, Michel d'Ornano, Jean-Jacques de Perretti, Hélène de Litry, Françoise de Panafieu, VGE, Michel Poniatowski, etc). Sans oublier les « sages » du Conseil constitutionnel (Olivier Dutheillet de Lamothe, Jacqueline de Guillenchmidt, Renaud Denoix de Saint Marc, Charles le Coq de Kerland) et plusieurs membres du Conseil d'État, la plus haute juridiction administrative en France (Gabriel de Broglie, Henry Hébrard de Villeneuve, Jacques Arrighi de Casanova). Là encore, la liste recoupe celle du Jockey Club...

Ces aristocrates ont su apprivoiser les urnes, séduire les électeurs, arpenter les marchés, se soumettre au diktat de la démocratie, eux dont les ancêtres étaient choisis par le roi – et lui seul – et dont le souvenir hantent leur éducation et leur jeunesse. Au seul Palais du Luxembourg, ils sont proportionnellement aujourd'hui six fois plus nombreux que dans la population française. Le vice-président de cette institution républicaine est donc Roland du Luart, un authentique marquis dont le véritable état-civil est Roland Le Gras du Luart de Montsaulnin. Henri de Raincourt, l'ancien chef de file des sénateurs UMP, est lui aussi marquis. Il succédait d'ailleurs à ce poste à un autre aristocrate, Josselin de Rohan, quatorzième duc de Rohan. Qui lui-même avait été secondé par Xavier de Villepin, le père du fougueux Dominique. La succession de particules, grimpant dans l'organi-

1. Dont l'une des auteurs est la petite-cousine.

gramme au fil des élections internes, donne le tournis. En janvier 2008, la victoire de Raincourt avait d'ailleurs inspiré à un édile UMP ce bon mot, ô combien révélateur : « *Le groupe UMP au Sénat est devenu un accélérateur de particules.* » Les aristos, de retour sous la Ve République ? C'est une réalité, puisque leur nombre au sein du pouvoir exécutif n'est pas moins élevé que voici un siècle. Pour Roland du Luart, l'explication de ce phénomène réside dans l'avènement du gaullisme et d'une « *certaine idée de la France* ».

Évidemment, la grande limite de cette réalité politique qui existe à l'échelle européenne est celle du pluralisme. Car des aristocrates investis à gauche, cela n'existe pas, ou très peu. En réalité, il n'y a que des exceptions. La députée socialiste Marie-Pierre de la Gontrie, fille d'un baron et « *parente*, dit-elle, *de l'ancien ministre Hervé de Charette de la Contrie, le "C" et le "G" s'étant confondus au fil du temps* »[1], mais qui refuse de s'exprimer sur la question. Nous verrons que le businessman Marc Ladreit de Lacharrière finance la fondation de Martine Aubry, et que l'inspecteur des finances François Villeroy de Galhau, ancien directeur de cabinet de Dominique Strauss-Kahn, est membre des Gracques, ce groupe de hauts fonctionnaires socialistes qui souhaitent une rénovation de la gauche française après l'échec de Ségolène Royal en 2007. Hormis Thierry de Beaucé, secrétaire d'État dans le gouvernement de Michel Rocard puis chargé de mission à l'Élysée sous la présidence de Mitterrand, c'est à peu près tout. « *Nous sommes pour la promotion par le haut, pas pour l'égalitarisme* » lâche le ministre Raincourt. Les manières des aristos de la politique contemporaine ont le don d'hérisser au

1. Entretien avec l'un des auteurs.

plus haut point les responsables de la gauche. Ségolène Royal, dans son fief de Poitou-Charentes, subit depuis son élection à la présidence du conseil général (en 2004) les sarcasmes du châtelain Henri de Richemont, chef de l'opposition poitevine. À chacune de ses propositions en commission permanente, la présidente Royal se voit opposer un argumentaire aux accents aristocratiques commençant systématiquement par un « Chèèère madame... » que la socialiste dit en privé ne plus supporter. C'est en réalité le nobliau charentais que Ségolène Royal ne peut accepter : Henri de Richemont, avocat international spécialisé dans le droit maritime, ancien sénateur, est un héritier de la famille Panon Desbassayns de Richemont, anoblie voici deux siècles. Il habite au château de Rochebrune, à Étagnac, bourg dont il a été réélu maire avec des scores « soviétiques »[1].

De quoi rendre fous les adeptes de la méritocratie. Car si certains nobles se sont hissés à la force du poignet jusqu'au sommet de l'État, en passant, par exemple, par l'Éna, nombre d'entre eux ont capitalisé sur leurs amis, leurs cousins aristocrates très introduits à la droite de l'échiquier politique. Ainsi, les deux fils du prince Michel Poniatowski, qui fut un puissant sénateur, siègent au Parlement, l'un au Sénat, Ladislas, l'autre à l'Assemblée, Axel. Le sénateur Aymeri de Montesquiou-Fézensac, qui porte l'un des plus vieux noms de France, a épousé une certaine Éliane de Chavagnac, parente directe de la mère des frères Poniatowski. Quant à Louis Giscard d'Estaing, vice-président du groupe UMP à l'Assemblée, il est le parrain du fils d'Axel Poniatowski, son voisin dans l'hémicycle, dans un milieu où on ne badine pas avec les liens du baptême.

1. Jusqu'à 97 % des voix en 2001.

Certes il n'y a pas d'amicale aristocrate au Sénat, « *ou alors elle est tout à fait informelle* » s'amuse le député Louis Giscard d'Estaing [1]. Ni de Club des amis de la particule, comme il y a un Club des amis du cochon. Mais, ce n'est pas une surprise, « *ils traînent entre eux au Parlement* » selon une fine connaisseuse du Sénat qui y travaille depuis vingt ans [1]. Et ils se retrouvent régulièrement à l'ANF, au Jockey, dans des chasses privées ou... à la table du curé des députés. Le poste d'aumônier des parlementaires a d'abord été occupé par le très médiatique abbé Alain Maillard de La Morandais. Ce prêtre, dernier fils d'une famille aristocratique bretonne et d'un père résistant, a été officier pendant la guerre d'Algérie. En 1995, il a dû laisser la place à un autre aristocrate, Antoine de Vial [2]. « *On les voit dans les couloirs, ils se reçoivent à leur domicile, se retrouvent dans des mariages, ils chassent ensemble dans leurs propriétés* » poursuit leur collaboratrice. Ou à Chambord, sur le domaine de la République [3]. « *Et on ne s'y raconte pas que des souvenirs de battues, croyez-moi !* » sourit Roland du Luart, le vice-président du Sénat, sous-entendant clairement qu'on y parle « affaires » de la République.

Henri de Raincourt entretient des liens profonds d'amitié avec les sénateurs de son rang, comme Josselin de Rohan, Roland du Luart ou encore Albéric de Montgolfier, descendant des célèbres frères inventeurs de la montgolfière, anoblis par Louis XVI pour leur trouvaille. « *Nous partageons des valeurs et une éducation particulières* » lâche-t-il. « *Nous parlons le même langage* » ajoute Roland du Luart. Bien plus que cela, en réalité,

1. Entretien avec l'un des auteurs.
2. Depuis 2004, c'est le père Mathieu Rougé qui est à ce poste.
3. Lire chapitre 1.

comme le reconnaît ouvertement Louis Giscard d'Estaing : « *Nous avons un attachement particulier à l'histoire de France et ce sentiment d'être les détenteurs d'une forme de patrimoine public.* » Cette vision commune du service rendu au pays, ce sens de l'intérêt général souvent évoqué par leurs soins, les soudent. Ils sont définitivement sur la même ligne. « *C'est une évidence à leurs yeux d'être ici*, glisse un de leurs proches. *Leurs parents, grands-parents y étaient déjà. Ils ont été éduqués au pouvoir. Il y a chez ces élus une forme d'hérédité, de prédestination. On voit qu'ils sont de la race des seigneurs.* »

En revanche, il est un point commun dont ces seigneurs se prévalent moins : l'orgueil. « *Ils ont un ego surdimensionné* » lâche un collaborateur, lui-même aristocrate. Plus encore que leurs homologues roturiers ? « *Oh oui. L'un parce que sa famille est au top de l'aristocratie, l'autre parce qu'il se pense encore irrésistiblement beau. Ils s'adressent aux gens la tête toujours haute. On a dû leur répéter dix fois par jour de se tenir droit lorsqu'ils étaient petits.* » Plus sérieusement, leur propension à se dire « au service de la France » plus qu'au service de la République, leur foi assumée en l'Église catholique, peuvent en faire aussi des relais d'idées conservatrices, voire parfois réactionnaires *(lire chapitre 4)*.

Balladur et ses laquais

En attendant, les nobles, ou plutôt leur mode de vie, font des émules. Il est étonnant de voir à quel point certains candidats au pouvoir imitent, consciemment ou non, les codes de l'aristocratie, sous la Ve République. Le très raide Édouard Balladur, caricaturé par Plantu en Louis XVI sur sa chaise à porteurs, avait osé remettre au goût du jour les « déjeuners à la française » avec serveurs en livrée XVIIIe siècle, c'est-à-dire affublés de perruques et gants blancs ! Sa majesté Balladur profitait de son nouveau statut de ministre d'État auprès de Jacques Chirac lors de son accession à la tête du ministère de l'Économie et des Finances, en 1986. Retranché au Louvre, il défiait ouvertement François Mitterrand, le président ayant imposé le déménagement du ministère à Bercy. « *Il y avait un protocole très subtil, les ministres de plein exercice à la table principale, les ministres délégués ou les secrétaires d'État à une autre. Le service était grandiose, il fallait voir cela !* » raconte le fin gourmet et l'éminence grise de Jacques Chirac pendant trente ans, Bernard Bled[1]. Quelques années plus tôt, le président « réformateur » Valéry Giscard d'Estaing avait lui aussi poussé les manières aristocrates très loin. Souvenons-nous, c'est lui qui avait interdit aux laquais de l'Élysée de signaler ses visiteurs par leurs – éventuels – titres de noblesse. Dans le même temps, VGE imposait à ses maîtres d'hôtel une autre réforme : c'est lui, le président, qui devait être servi en premier, avant les dames, lors des déjeuners officiels de la présidence ! Le président Giscard, semble-t-il, s'était inspiré d'une directive d'un certain... Napoléon Bonaparte, qui avait imposé le même rituel au cours du Premier Empire !

Jacques Chirac, grande figure politique d'extraction modeste, a été très tôt sensible aux charmes de l'aristocratie française. Déjà, sur les bancs de Sciences Po, le futur homme d'État draguait tout ce qui porte une particule, comme une certaine Marie-Thérèse de Mitry (la tante de Françoise de Panafieu)[2].

1. *In vino Satanas*, Denis Saverot et Benoist Simmat, Albin Michel, 2008.
2. *Sexus Politicus*, Christophe Dubois et Christophe Deloire, Albin Michel, 2006.

Par la suite, comme on le sait, il a épousé Bernadette Chodron de Courcel, qu'il vouvoie comme dans certaines très vieilles familles, et a acquis avec elle le château de Bity en Corrèze (partiellement classé monument historique un mois jour pour jour plus tard). François Fillon, actuel Premier ministre, a fait mieux : après avoir longtemps dénoncé les « *châtelains* », certes nombreux sur ses terres électorales de l'ouest, il a fini par s'acheter au milieu des années quatre-vingt-dix le château de Beaucé, datant du XIVe siècle !

L'art du baisemain reste sans conteste le code le mieux partagé par les élus et autres ministres de la Ve République. Jacques Chirac, qui l'a appris à Sciences Po, en est devenu le maître incontesté. Toutes les têtes couronnées d'Europe, toutes les dirigeantes de passage à la mairie de Paris ou à l'Élysée y ont eu droit. Une figure de style que se refuse à accomplir son successeur Nicolas Sarkozy. C'est cela aussi, la rupture. Il est vrai que l'exercice exige une certaine souplesse d'échine. Le président du Sénat Christian Poncelet devra un jour se plier en angle droit pour offrir un baisemain appuyé à la jeune athlète chinoise handicapée bousculée à Paris au cours de l'été 2008.

Le fin du fin reste de s'unir avec une lignée aristocrate pour bénéficier de ses prérogatives. Les Debré, célèbre dynastie d'hommes politiques, ont connu plusieurs unions avec des aristos. Le père de Michel Debré, principal rédacteur de la Constitution de la Ve République, le professeur Robert Debré, a épousé Élisabeth de la Panouse, qui portait le titre de comtesse de la Bourdonnaye suite à un premier mariage. Le fils de l'ancien ministre, Vincent Debré, s'est, lui, uni avec Isabelle Le Poittevin de La Croix-Vaubois. Du côté de l'opposition, Arnaud

Montebourg s'est marié avec une certaine Hortense de Labriffe, issue d'une lignée de grands banquiers parfaitement aristocrates. Comment lutter contre l'amour ?

Derrière ces titres, ces noms à rallonge, ces alliances, cette fascination, émerge la réalité, subtile, d'un réseau où l'entraide est une valeur cardinale, où l'on n'hésite pas à donner un coup de pouce à ses amies, forcément bien nées. Prenons ce grand monsieur et sa protégée depuis des lustres. La presse les a, un peu méchamment, surnommés le « has been » et la « pistonnée ». Valéry Giscard d'Estaing, puisqu'il s'agit encore de lui, s'est démené lors de la dernière campagne pour les élections européennes en juin 2009. Pourtant il n'était candidat à rien. Il a en fait usé de toute son influence pour placer sa protégée, une certaine Christine de Veyrac, de son nom de jeune fille, une authentique famille noble, qui émargeait autrefois à l'ANF. VGE a réussi à imposer Veyrac sur la liste UMP du sud-ouest, en seconde position – éligible – derrière Dominique Baudis, qui n'en voulait pas. Il y est parvenu au prix d'un cadeau consenti à son lointain successeur : l'ancien président a en effet donné, en échange d'un coup de pouce décisif de Nicolas Sarkozy, une interview fleuve au *Figaro*[1], très sobrement titrée : « *Je soutiens cette décision historique* », à propos de l'installation tout à fait mineure de militaires allemands en Alsace[2]. Toujours est-il que madame de Veyrac, ancienne attachée de presse de VGE, très proche collaboratrice aujourd'hui encore, a bel et bien gagné sa place sur la liste de l'ancien maire de Toulouse alors même que Baudis et elle ne s'entendent guère. Pendant la campagne, les

1. 9 février 2009.
2. Selon *L'Express* et *Le Canard Enchaîné*.

relations seront tendues. Ils feront très peu de déplacements ensemble. Selon une journaliste locale, « *il ne l'avait jamais prise sur sa liste aux municipales. Cette fois les ordres devaient venir de très haut* »[1]. Après son élection à Strasbourg, le nom de la « pistonnée » circule à nouveau. Cette fois parmi la deuxième fournée de secrétaires d'État destinés à étoffer le gouvernement Fillon IV. On parle en effet de Veyrac – ce n'est pas un hasard – pour épauler Henri de Raincourt aux Relations avec le Parlement européen ! Qui mieux qu'une aristo pour seconder un marquis ?

Cette survivance active de noms à particule, au sommet de l'État comme dans nos campagnes, ne doit pas surprendre. L'aristocratie est impliquée depuis des siècles dans les affaires de l'État. Sous l'Ancien Régime, de nombreux ministres étaient issus de grandes familles. Richelieu, l'éminence grise de Louis XIII, s'appelait de son vrai nom Armand Jean du Plessis, duc de Fronsac. La Révolution française ne va pas changer grand-chose à cette réalité. Le futur empereur Napoléon est lui aussi un membre de la noblesse, « *modeste certes mais authentique* »[2]. Le célèbre écrivain François-René de Chateaubriand, vicomte de son état, écrit d'ailleurs un jour à propos de lui : « *Né d'une race de gentilshommes, laquelle avait des alliances avec les Orsini, les Lomelli, les Médicis, Napoléon ne fut démocrate qu'un moment. Dominés par son sang, ses penchants étaient aristocratiques.* » Sa deuxième femme, l'autrichienne Marie-Louise, était une Habsbourg, petite-nièce de la reine Marie-Antoinette. Dans l'entourage de Napoléon, les particules foisonnent. Le Consulat et le Premier Empire voient se succéder huit aristocrates au

1. Entretien avec l'un des auteurs.
2. Selon l'historien Jérôme-François Zieseniss dans la *Revue du souvenir napoléonien*.

« perchoir », la présidence de l'Assemblée. À la fin du Second Empire, sous Napoléon III, un tiers des députés sont encore aristocrates. Plus tard, l'expression « République des ducs », utilisée par l'historien Daniel Halévy pour désigner les premières années de la IIIe République (1871-77), souligne l'importance de l'engagement aristocratique, près de cent ans après la Révolution. À la veille de la Seconde Guerre mondiale, on compte encore trente-quatre aristocrates dans la législature du Front Populaire, sur des bancs pourtant truffés de socialistes et de communistes. Et parmi les trente-trois premières femmes députées élues en 1945, on trouve déjà une aristocrate pure souche, Hélène de Suzannet, née Durant de Mareuil, élue en Vendée pour le Parti républicain de la liberté.

Dans le sang

Dès le premier regard échangé, aucun doute possible. Même crâne précocement dégarni, mêmes yeux plissés, même silhouette longiligne. Seule la voix est moins chuintante, et le sourire plus prononcé. Louis Giscard d'Estaing, fils de l'ancien président, est étonnamment bavard, et charmant, de surcroît. Comme la figure paternelle, il a fait carrière dans la politique, à droite, certes plus modestement : il n'est devenu député qu'en 2002, à quarante-quatre ans, c'est-à-dire à un âge auquel son père avait déjà occupé des fonctions ministérielles. « *Quand j'avais quatre ans, je voyais des photos de De Gaulle partout à la maison, rue de Rivoli. La politique était pour moi une évidence.* » Mais avant de se lancer à l'assaut des urnes, il veut « *avoir un métier, une expérience professionnelle autonome* ». Contrairement à son grand frère, Henri, qui, avant d'être le célèbre PDG du

Club Med, a été conseiller général du Loir-et-Cher, Louis le fils cadet a d'abord créé sa maison d'édition et passé dix longues années chez LVMH, le leader mondial de l'industrie du luxe.

Dans son petit bureau, que l'on découvre après un laborieux cheminement dans un couloir étroit de l'Assemblée, des dossiers empilés menacent de chuter. Une vieille télévision posée sur le coin de la bibliothèque, où trône un livre sur son père, retransmet le débat en cours dans l'hémicycle. On imagine Louis propulsé par son ascendance prestigieuse, on le découvre cantonné dans l'ombre d'un père encore tout-puissant, et d'une famille qui compte quatorze prénoms au *Who's Who.* Un père qui l'a plusieurs fois empêché de se présenter à une élection clé. En 1992 d'abord, lorsque Valéry, élu sortant, se représente en Auvergne pour les régionales. « *J'ai dû me contenter d'être sur sa liste. Je ne pouvais pas me présenter face à lui.* » En 2004, deux ans après avoir gagné l'Assemblée, rebelote : la même élection lui passe sous le nez. Son père « *lui a mis des bâtons dans les roues, parce qu'il voulait être le seul, l'unique Giscard d'Estaing à marquer la politique française de son empreinte* » croit savoir un de ses collègues aristocrates[1]. « *Disons qu'il ne m'a pas soutenu quand il le fallait, de peur d'être accusé de favoritisme* » estime quant à lui l'intéressé. Allons bon. Et ces lauriers tressés lors d'un gros meeting à la veille des législatives de 2002 ? « *C'est le seul auquel il a pris part. Il a passé tous les candidats UMP en revue, puis il a eu c'est vrai un mot très favorable pour moi.* » Certains observateurs pensent que l'ancien pré-

1. Entretien avec l'un des auteurs.

sident a jeté tout son poids dans la bataille pour soutenir son garçon.

Louis Giscard d'Estaing, qui aime à dire que « *lui, c'est lui, et moi, c'est Louis* », parle de « *discrimination généalogique* ». La première fois qu'il part à la conquête d'une commune, la presse d'Auvergne dénonce une « OPA dynastique ». C'était lors des municipales de 1995, à Royat, un village voisin de Chamalières dont il est aujourd'hui maire. Il se lève pour montrer où se situe le patelin, à la rue près, sur une photo satellite accrochée au mur. Il faut dire que son père est candidat au même moment à Clermont-Ferrand, et sa mère à Chanonat, commune dont son grand-père, Edmond Giscard d'Estaing, a été maire. C'est l'année du revers familial : les trois seront battus.

« Louis II d'Auvergne » [1] doit finalement attendre les législatives de 2002, dont son père se désintéresse enfin, pour se faire élire député dans le Puy-de-Dôme, un département où son père, arrière-grand-père et arrière-arrière-grand-père ont déjà été élus. « *Mon père ne voulait pas qu'on puisse dire qu'il m'avait cédé sa place* », une critique qui avait été clairement faite à VGE lorsqu'il avait succédé à son grand-père, Jacques Bardoux, dans l'hémicycle en 1956.

C'est là tout le problème des dynasties familiales aristocrates profondément implantées dans un fief : l'héritier doit attendre son tour. Avec l'angoisse de déchoir. « *À travers moi, son nom peut être entaché d'un échec* » soupire le fils cadet.

Les grandes familles de France au sang bleu – les Poniatowski, les Broglie, les Rohan-Chabot, Pozzo di Borgo, Mazières, d'Ornano, etc – forment des dynasties indéboulonnables, au sommet

1. *Le Point*, novembre 2002.

de l'État depuis des temps immémoriaux. Les d'Harcourt ont eu, à presque chaque génération depuis la Restauration, un représentant à la chambre des pairs, au Sénat ou à la chambre des députés. Les d'Ormesson alignent un palmarès tout aussi impressionnant : un chancelier, un général, deux contrôleurs généraux des finances, un premier président du Parlement de Paris, un membre du Conseil de Régence sous Louis XVI, onze conseillers d'État, quatre ambassadeurs, dont le père et l'oncle de Jean, le célèbre académicien que tout le monde connaît pour sa diction fleurant bon la radio d'avant-guerre.

De Robien poudré et perruqué

En toute logique, certaines personnalités à particule accèdent au sommet de l'État avec un CV très *light*, parfois même sans le moindre diplôme. À croire que leur nom les précède... Henri de Raincourt, notre sénateur – et fils de sénateur –, devenu ministre, a simplement fréquenté les bancs de l'Esitpa, une modeste école d'agriculture perdue en Seine Maritime[1]. La discrète et fidèle numéro deux du MoDem, la députée européenne Marielle de Sarnez, n'a même que le bac en poche. La lieutenant de François Bayrou a quitté le giron familial après le lycée (elle a même réussi l'exploit de se faire exclure de Sainte-Marie-de-Passy dans le seizième arrondissement, pour « mauvais esprit ». Elle avait retaillé aux ciseaux les cheveux d'une copine). Pour gagner sa vie, elle vend des fourrures au porte-à-porte et des encarts publicitaires[2]. Seulement voilà, elle est la fille du baron Olivier de Sarnez, député, et d'une mère chargée de la décora-

1. *Who's Who*, 2009.
2. *Le Point*, 17 janvier 2007.

tion florale à l'Élysée. Elle va donc bénéficier, dès l'âge de vingt-deux ans, de ses relations familiales haut placées, comme il y en a tant dans ces dynasties mondaines aux connexions infinies. Un ami de la famille, le prince Ladislas Poniatowski, fils du ministre, va en effet la pousser à entrer en politique, et naturellement la chapeauter. Il lui propose en 1973 un poste de secrétaire du mouvement des Républicains indépendants, le parti cofondé par Valéry Giscard d'Estaing et Michel Poniatowski, son propre père. Cette amitié avec les Poniatowski retient particulièrement l'attention à l'époque de Giscard. Lui aussi se met à surveiller d'un œil cette dynamique jeune femme bien née. Un an plus tard, elle se démène pour propulser son mentor à l'Élysée – en créant notamment les tee-shirts « Giscard à la barre ». Elle rencontre ensuite François Bayrou, et devient, en l'espace de cinq ans, la cheville ouvrière de l'UDF. Son charisme et son sourire, appuyés par des parrains haut placés et un entourage qui baigne dans la politique, lui permettront de compenser son absence de diplômes. « *C'est bien la première fois qu'il y aura eu un directeur de cabinet autodidacte au ministère de l'Éducation* » s'amusera François Bayrou, en la nommant à ses côtés à la tête du Mammouth[1].

Fatalement, nos rejetons bien nés profitent de la présence d'un parent dans les couloirs de la République pour s'incruster. Françoise de Panafieu, la pétillante maire du dix-septième arrondissement à la chevelure argentée, est tombée très jeune dans la marmite du pouvoir grâce à son père, député d'une circonscription incluant – ça n'est pas un hasard – ce même dix-septième arrondissement. Il l'embauche d'abord comme assis-

1. *Le Point*, 17 janvier 2007.

tante parlementaire en 1974, elle n'a alors que vingt-six ans. Mais elle est déjà la fille d'Hélène de Mitry, députée, sénatrice et secrétaire d'État à la Santé sous Giscard. Et la nièce de Jean-François Poncet, ancien ministre des Affaires étrangères. Cela ouvre naturellement quelques portes.

Si le fils Giscard cherche à minimiser la portée de l'onction paternelle, feignant d'oublier qu'à ce niveau d'influence les coups de pouce actifs ne sont même plus nécessaires, certains assument parfaitement leur bonne étoile familiale. Henri de Raincourt se dit « *tout à fait conscient de l'aide apportée* » par le suppléant de son père au Sénat, Jean Chamant, un ancien ministre sous de Gaulle. « *Il m'a beaucoup soutenu pendant la campagne des sénatoriales, je lui en suis infiniment reconnaissant.* » Et tant pis si certains parlent de « *situation politique héréditaire* » à son sujet[1]. Lui précise : « *Mon père est mort en 1959. Je suis arrivé au Sénat en 1986...* »[2]

Le vice-président du Sénat Roland du Luart estime qu'on peut, fort des valeurs de son milieu, bâtir une grande carrière. Grand, droit, chevalière de rigueur, costume à rayures, « *quatre-vingt heures* » par semaine sur le pont malgré ses soixante-neuf ans, le marquis reçoit lui aussi avec chaleur dans son magnifique bureau du Palais du Luxembourg classé aux monuments historiques. Il est l'archétype de l'aristocrate investi en politique. Fils de deux parents à particule – sa mère est une La Rochefoucauld –, il a épousé Élisabeth d'Albert de Luynes Chevreuse. Il a un oncle ancien sénateur de la Sarthe, comme lui. Cinq enfants au compteur, dont quatre filles. Il a été maire de Luart, le village

1. *Le Figaro*, 14 janvier 2008.
2. Entretien avec l'un des auteurs.

familial, où il joue les châtelains locaux. « *Aristo je suis, et j'assume. Mais je me suis fait un prénom avec le temps. Chez moi, au départ, on m'appelait monsieur le marquis, maintenant c'est Roland.* » Celui qui a été le plus jeune sénateur de France (trente-sept ans) après avoir été le plus jeune maire du pays (vingt-six ans) jure que « *la particule en politique est d'abord un handicap. Il faut énormément travailler, notamment sur le terrain. Ensuite seulement, cela devient un avantage. Je me suis quand même imposé sur un canton de gauche. Depuis, j'ai été réélu six fois !* »[1]

D'autres jurent que leur particule les a plutôt desservis. L'ancien ministre de l'Éducation, Gilles de Robien, raconte que lors de la campagne municipale de 1989 où il se présente à Amiens, une affiche le présente poudré et perruqué avec pour légende : « *Vous n'allez pas voter pour un "de" en ce bicentenaire de la Révolution.* » « *J'ai été élu avec 55 % des voix* » sourit-il[2]. D'autres, comme Philippe de Villiers, baptisé « le vicomte », ont traîné quelques sobriquets peu amènes. « *La particule les dessert auprès de certains électeurs,* explique une proche d'un élu aristocrate. *Il faut qu'ils en fassent plus que d'autres. J'ai entendu plusieurs fois "Ah, on ne les a pas tous éliminés à la Révolution".* »

Les lobbys aristos attaquent

« *Dans chaque niche, il y a un chien qui mord* » s'amuse Gilles Carrez, rapporteur général (UMP) de la commission des Finances de l'Assemblée[3]. Peut-être ne le savait-il pas, mais les aristos peuvent se montrer féroces. Et ils ont du flair. Ainsi, lors-

1. Entretien avec l'un des auteurs.
2. *Point de Vue*, 28 septembre 2005.
3. *Le Monde*, 17 novembre 2008.

qu'en juin 2008, Christine Lagarde, ministre de l'Économie, et lui, proposent de réformer les niches fiscales, y compris celle qui aide les propriétaires d'un monument historique privé de réaliser des travaux sans être trop taxés, les aristocrates ont déjà préparé la riposte. Par principe de précaution, l'association qui défend trois mille propriétaires de vieilles pierres, la Demeure historique, a mis au point dès la fin 2007 un document chiffrant le manque à gagner que le régime particulier accordé aux monuments historiques en 1964 représente pour l'État. La Demeure historique ? Un puissant lobby peu connu avec vingt « particules » au conseil d'administration – sur vingt-cinq titulaires –, récemment privés de leur titre nobiliaire dans l'organigramme officiel de la revue par souci de discrétion ! Conclusion du document (qui s'avèrera identique à celle de Bercy) : cette perte se limite à trente-trois millions d'euros par an pour le Trésor public. Une pacotille. Bien lui en a pris. « *Nous avons été auditionnés par la commission des Finances de l'Assemblée dès février 2008* » explique son président Jean de Lambertye, en outre à la tête de la succursale française Petercam, une puissante société de gestion[1]. Flairant le danger, l'homme d'influence diffuse son précieux document « *partout, à l'Élysée, au ministère de la Culture, à Bercy, à Matignon* ». Parallèlement, il rencontre des parlementaires, avec deux arguments chocs : « *Personne ne s'enrichit avec un château, ça n'est donc pas une niche fiscale* » et : « *Depuis l'instauration de ce régime, le nombre de monuments privés ouverts au public a été multiplié par sept et demi.* » Cela fonctionne d'autant mieux que le raisonnement se tient. Si son interlocuteur doute encore, il cite alors cet exemple très parlant :

1. Entretien avec l'un des auteurs.

« À la fin des années quatre-vingt-dix, j'ai injecté tous mes bonus dans la réfection de la charpente de mon château de Cons-la-Grandville, en Lorraine. Sans ce régime fiscal, je n'aurais pu investir que la moitié de cette somme. J'ai sauvé ce château ! » Malgré cette campagne offensive, un coup de tonnerre retentit dans la nuit du lundi 17 novembre 2008 : les députés votent le plafonnement de toutes les niches fiscales. « *Un sale coup* » commente Lambertye.

Mais le réseau de copains bien placés est sur les dents. Pendant les trois semaines précédant l'arrivée du texte devant les sénateurs, branle-bas de combat. À la demande de Jean de Lambertye, le sénateur Henri de Raincourt règle les problèmes législatifs et fiscaux. Son confrère Albéric de Montgolfier porte les amendements techniques. Et un troisième larron tout aussi bien né, Josselin de Rohan, distribue quelques conseils politiques aux responsables de la Demeure historique, en catimini. Pas question en effet de s'investir publiquement lorsqu'on possède l'un des plus vieux châteaux de France, et que l'on est l'un des premiers bénéficiaires du crédit d'impôts menacé. Son épouse, Antoinette de Rohan, vice-présidente de l'association, fait aussi jouer son carnet d'adresses bien garni au Sénat.

Entre-temps, un somptueux dîner réunit à la fin du mois de novembre 2008 pour la première fois trois cents adhérents de la Demeure historique dans les salons de Boffrand du Sénat, sous l'égide d'Henri de Raincourt. Valéry Giscard d'Estaing, le sénateur Albéric de Montgolfier, le fils du duc de Brissac, bref tous ceux qui jettent leur force dans la bataille contre la réforme gouvernementale, sont là, accompagnés de leurs épouses. Le 8 décembre suivant, le retournement de situation est total. Les sénateurs votent le texte, sans le paragraphe sur les monuments historiques. Les plus fortunés ne pourront plus échapper à certains impôts ? Les châtelains, si !

La Demeure historique, fondée par le député Boni de Castellane, et dont l'un des dirigeants, Bernard de Montgolfier, est le père du sénateur Albéric – très actif comme on l'a vu – est le fer de lance du très puissant lobby du patrimoine. Un lobby composé de plusieurs associations truffées d'aristocrates au pouvoir ou dont les frères, cousins, amis, sont parfaitement introduits et prêts à intercéder en leur faveur. L'Observatoire du patrimoine religieux, qui recense et sauve une à une les églises en danger en France, est ainsi né sous l'impulsion de Béatrice de Andia. Cette figure de la mairie de Paris a été déléguée de l'Action artistique pendant trente ans. Le vicomte Olivier de Rohan, qui est à la tête de la célèbre Société des amis de Versailles, et de la plus discrète Sauvegarde de l'art français, chargée de veiller à la restauration d'édifices religieux, n'est autre que le frère du sénateur Josselin de Rohan. Europa Nostra, une association très influente au plan européen, a même choisi pour présidente une tête couronnée, actuellement l'infante Pilar de Bourbon. Un choix qui ne doit rien au hasard. Cela peut toujours aider à prouver le sérieux de son mouvement, et qui sait, à décrocher un rendez-vous crucial ou un amendement salvateur. Voire, comme cela a été le cas en 1999, à faire voter la baisse expérimentale de la TVA sur les travaux d'entretien du patrimoine dans toute l'Europe.

Pour peser davantage encore, quelques amis aristocrates très influents ont créé leur propre « G8 » du Patrimoine. Ce groupe informel réunit depuis 2002 à raison d'une fois par mois les dirigeants des huit associations de défense du patrimoine les plus influentes. On trouve dix-sept aristocrates dans ses instances dirigeantes. Très en pointe sur la lutte contre les éoliennes, ils ont par exemple obtenu que les préfets, et non plus seulement les maires, aient leur accord à donner avant qu'un moulin à vent ne surgisse de terre. Pour faire pression sur les pouvoirs publics, les aristocrates jouent donc à fond la carte du réseau. Ces hommes de l'ombre, membres d'inoffensives amicales pour l'œil non averti, sont en réalité des militants très efficaces. Ils ne font pas la une des journaux, ne se fourvoient pas dans des opérations commando médiatiques, mais s'activent dans les couloirs feutrés. Avec un savoir-faire redoutable.

Il a la bouille rieuse, la main lourde sur les cacahuètes, et une conversation sans chichi. Le comte Denis de Kergorlay fait partie de ces aristocrates passionnés, amoureux des grandes causes, capables de tout plaquer pour aller défendre ses idéaux à l'autre bout du monde. Sous ses airs de gentleman-farmer qui donne rendez-vous autour d'une coupe de champagne dans les jardins de l'Interalliée, dont il est vice-président, il s'avère un rebelle, « *un peu marginal* » dit-il[1]. « *Lorsque mon père m'a proposé de reprendre Canisy, notre château de famille en Normandie, j'ai d'abord refusé. J'étais écolo, je militais chez Greenpeace et les Amis de la Terre. Mais à son décès, je n'ai plus eu le choix, et j'ai repris Canisy.* » Parallèlement, il est trésorier à Médecins sans Frontières pendant dix ans. « *En mal de cause* », il tombe amoureux d'Europa Nostra, « *ce groupe d'Européens prêts à se battre bénévolement* ». Ce lobby, présent dans quarante pays (dont la Turquie !) a pour objectif clairement énoncé « *d'influencer la*

1. Entretien avec l'un des auteurs.

politique ». Sa direction française compte des grands noms comme le marquis Robert de Léotoing d'Anjony ou la princesse Isabelle de Broglie. Au siège, basé à Bruxelles près de la Commission, on trouve, outre l'infante d'Espagne, un *sir* anglais, un baron et un comte belges. La boucle est bouclée : châtelain malgré lui, il devient l'un des plus ardents défenseurs des vieilles pierres. « *Les aristos sont naturellement portés vers la promotion de ce en quoi ils croient, vers la défense de ce qui leur est cher* » analyse-t-il. Depuis peu il s'occupe aussi de French Heritage Society, après la princesse Marie-Sol de la Tour d'Auvergne. Cette association sollicite l'aide américaine en faveur du patrimoine privé français, notamment des châteaux et des abbayes. Malgré la crise – lors de la dernière levée de fonds à New York en avril 2009, les donateurs étaient tétanisés – ils ont pu remettre un chèque de trente mille dollars à la famille Fayet d'Andoque pour la restauration de l'église abbatiale de Fontfroide (Aude). Un nouveau combat lui tient déjà à cœur : intensifier la lutte contre les éoliennes, qui « *défigurent le paysage français.* »

Au nom de la loi

Elle porte le numéro 2008-1545. Elle date du 31 décembre 2008. Et elle a pour objet « *l'amélioration et la simplification du droit de la chasse* ». Mais les connaisseurs l'appellent la loi Poniatowski, du nom du sénateur Ladislas Poniatowski, président d'honneur du groupe chasse au Sénat (précédé à ce poste par Roland du Luart), qui l'a imaginée, portée et fait adopter. Avec l'aide de ses troupes, évidemment, aussi bien nées que lui.

Cette énième loi sur la chasse, qui a rendu fous les écolos, est le fruit d'un long travail de lobbying parfaitement réussi. Du grand art. Les éminences grises du Saint-Hubert Club de France

– huit aristos à la direction – n'ont pas lâché les parlementaires et leurs conseillers pendant des mois. Elles ont fourni à Charles-Henri de Ponchalon, le président de la toute puissante Fédération nationale des chasseurs (FNC), les arguments nécessaires pour construire des dossiers parfaitement ficelés. Avec une très grande discrétion et malgré un ordre du jour totalement saturé à la veille des fêtes de fin d'année, les députés ont adopté à l'unanimité une proposition de loi qui étend considérablement les droits des chasseurs. Du jamais vu. En cas d'infraction, le permis de chasse n'est désormais plus automatiquement retiré en attendant la décision du juge. La redevance baisse de moitié pour les mineurs de seize à dix-huit ans et les nouveaux chasseurs. Désormais, les fédérations ont leur mot à dire sur les projets d'aménagement du territoire. Et l'article 11, qui souhaitait la création d'un délit « d'entrave à la chasse », est supprimé. La victoire est totale pour le lobby de la carabine. Son chef de meute, le prince Poniatowski, et son bras droit d'alors, Marie de la Bretesche, une conseillère très influente de la commission des Affaires économiques, ont fait un sacré boulot.

Le grand public a déjà eu vent de l'existence d'un lobby de chasseurs. Il sait moins qu'il s'agit d'un lobby aristocrate, dans la mesure où les dirigeants de la nébuleuse d'organismes de défense de la chasse sont des descendants de grandes familles de France. Ce lobby des campagnes est en réalité dirigé par les habitués des clubs chics de la capitale, propriétaires de châteaux de province, en costume cravate à la ville. « *Si vous n'êtes ni énarque ni franc-maçon, alors il faut être chasseur !* » a coutume de dire un lobbyiste professionnel[1]. *A fortiori* les aristocrates peuvent être

1. Entretien avec l'un des auteurs.

les trois. Leur pouvoir est sans limite. Rarement les relations entre la République et le fusil ont été aussi bonnes. Le ministre de l'Écologie, Jean-Louis Borloo, s'est fendu pour la première fois d'un discours fleuve lors du congrès de la FNC en mars 2009, allant même jusqu'à donner son numéro de portable en public au président Ponchalon. Pour l'anecdote, il l'avait déjà ! Et si en juin 2009 un ministère de l'Espace rural a été créé de toutes pièces, c'est notamment grâce au lobbying de cette espèce de chasseurs-là.

Les responsables des deux structures les plus influentes, la FNC donc, mais aussi la Face (Fédération des associations de chasseurs européens), sont respectivement comte et baron, et ont pour patronyme Charles-Henri de Ponchalon (Charles-Henri des François de Ponchalon) et Gilbert de Turckheim. La FNC, créée en 2000, revendique un million trois cent mille adhérents. C'est elle qui délivre les permis de chasse, récolte les cotisations, paie les gardes chasse et définit les règles du Code de la chasse (comme si une association édictait le Code de la route !). Son influence est telle qu'elle tient en joue tous les gouvernements. Quant à la Face, elle est officiellement consultée par la Commission de Bruxelles. Il faut dire que son président, Gilbert de Turckheim, n'a pas son pareil pour inviter les députés réticents sur ses propres terres en Alsace, avec une paire de jumelles et une carabine, à la rencontre d'un chevreuil ou d'un sanglier.

Le Saint-Hubert Club de France, qui a dicté l'essentiel de la législation française sur la chasse, a évidemment du sang bleu dans son organigramme. L'un de ses premiers présidents, le comte Justinien Clary, a organisé les épreuves de tir aux Jeux Olympiques de 1924 à Paris. Son premier vice-président actuel est

Renaud Denoix de Saint Marc, éminent membre du Conseil constitutionnel. Les gardes chasse, ce sont eux qui les ont créés. Dans les campagnes on les appelle d'ailleurs toujours les « Saint-Hubert ». Les éminences du Club ont mené des combats anecdotiques – comme écrire en 1903 à la Compagnie des chemins de fer de l'Ouest, qui avait inscrit au menu du roi d'Angleterre des perdreaux et des cailles prohibés – ou tout à fait sérieux : récemment ces chasseurs à particule ont obtenu l'aval du ministère de l'Éducation pour pénétrer dans les écoles de la République afin de sensibiliser les enfants à la biodiversité.

Même les amicales de chasseurs sont dirigées par des nobles : la Fondation de la maison de la chasse et de la nature par Christian de Longevialle (ex-conseiller d'André Malraux au ministère des Affaires culturelles) et la Société de vénerie, dont la revue est publiée par le député Louis Giscard d'Estaing, est dirigée par Pierre de Boisguilbert. Tout ce petit monde chasse régulièrement, en toute simplicité, avec le prince Ladislas Poniatowski, libéré du Sénat le week-end, et les députés Jean Dionis du Séjour ou encore Charles de Courson, vice-président du groupe d'études sur la chasse à l'Assemblée. Carabine passionnée, « *il est le plus fidèle soutien des chasseurs et le parlementaire de droite qui connaît le mieux tous les dossiers* » selon un lobbyiste. « *Nous sommes des chasseurs dotés d'un carnet d'adresses bien rempli* » résume Christophe Lorgnier du Mesnil, un sourire aux lèvres[1]. Non content d'être l'actuel secrétaire général du Saint-Hubert, ce monsieur, qui se déplace aujourd'hui avec une canne, est l'ancien chef du service chasse du ministère de l'Environnement, à l'époque où Michel d'Ornano – ex-maire de Deauville et aristocrate – était

1. Entretien avec l'un des auteurs.

aux commandes. « *Nos familles se connaissent de longue date, nous avons une éducation commune, notre origine sociale est, disons, un élément favorable.* » Évidemment.

Rendez-vous est pris au café Costes, avec vue plongeante sur les Invalides. Thierry Coste est déjà attablé. Cheveux blancs coupés courts, yeux très bleus, mains épaisses et sourire de tueur, l'homme est un fin stratège, volontiers manipulateur. Lobbyiste au service de la FNC depuis toujours, il rit de ses coups fourrés échafaudés pour ses clients. Pour lui, l'affaire est entendue. « *Si les aristocrates ont noyauté les structures de la chasse, c'est pour mieux défendre leurs propres terres.* »[1] Depuis les années soixante-dix, des châtelains influents s'investissent en effet dans les fédérations départementales de chasseurs, Charles-Henri de Ponchalon dans celle de l'Indre, le sénateur Roland du Luart dans la Sarthe, Henri de Raincourt dans l'Yonne. Résultat : même s'ils sont absents aujourd'hui du parti politique CPNT (Chasse pêche nature et traditions) – « *c'est un mouvement de protestation, assez polémique, très populaire, ils ont estimé que ça n'était pas de leur rang* » selon Thierry Coste –, les aristocrates ont gagné leur pari : les règles de la chasse intègrent désormais celles de la propriété privée. Aujourd'hui ils agissent davantage en sous-main. Hier chefs de file, ils en font désormais monter d'autres en première ligne.

Maîtres du monde

Les aristocrates seraient-ils des intrigants nés ? Ces hommes de pouvoir grenouillent volontiers dans les dîners secrets des lobbys et des *think tank*, qu'ils soient français ou internationaux.

1. Entretien avec l'un des auteurs.

Comme s'ils jouissaient à fond du plaisir d'avoir intégré l'élite mondiale. Ainsi le groupe de Bilderberg, considéré comme le *nec plus ultra* des clubs mondiaux, compte énormément de particules françaises. « *Bilderberg n'est pas un club de loisirs où l'on joue au bridge, c'est un lieu où l'on pense l'avenir du monde* » disent les connaisseurs[1]. Lors de la réunion à huis clos qui s'est tenue au château de Versailles en mai 2003 – le palais a été fermé au public pendant une semaine – Thierry de Montbrial (Institut français des relations internationales) a pu phosphorer sur le futur des peuples avec Henri de Castries, Dominique de Villepin... au côté de la reine Béatrix, Henri Kissinger, Richard Perle, proche de George Bush. Si la liste des membres de ce supposé « gouvernement mondial occulte » est tenue top secrète, François Bujon de l'Estang (ancien ambassadeur aux États-Unis), François d'Orcival, Christophe de Margerie (Total), Marc Ladreit de Lacharrière (Fimalac), feu Edmond de Rothschild et le baron Seillière ont déjà participé à ces réunions. Les orientations stratégiques décidées par le Groupe concerneraient le début d'une guerre, l'initiation d'une crise économique, les alternances politiques. Giscard aurait même gardé la primeur de son projet de Constitution européenne à ses amis de Bilderberg.

À l'échelle française, le Siècle par exemple, un *think tank* qui réunit les membres les plus puissants et influents de la classe dirigeante française, voit aussi une flopée de particules se bousculer à sa porte. Outre Renaud Denoix de Saint Marc, un sage du Conseil constitutionnel qui préside son conseil d'administration, on trouve Alain de Pouzilhac (TV5), Amaury de

1. *Tous pouvoirs confondus. État, capital et médias à l'ère de la mondialisation*, Geoffrey Geuens, EPO, 2003.

Sèze (Carrefour), Marc Ladreit de Lacharrière (Fimalac), vice-président du Siècle, Christian de Boissieu (économiste), Cécile Pozzo di Borgo (ambassadeur), Jean-Christophe Thiery de Bercegol du Moulin (Bolloré Médias)... en compagnie de Rachida Dati ou de Gilles Pélisson (Accor). Ces membres sont invités à rejoindre le cercle par cooptation. « *On ne choisit pas le Siècle, c'est lui qui vous choisit* » souligne un responsable[1]. En somme, un aristo ramène un copain de son milieu, qui lui-même sélectionne un cousin influent. Et voilà comment la galaxie aristocrate rayonne.

Au service du pays

Paris dort en ce mardi 30 septembre 2008. Il est deux heures quarante, au 132 rue de Bercy. La ministre de l'Économie Christine Lagarde a réuni autour d'elle, dans le seul bureau encore allumé de l'immeuble qui domine la Seine, la *dream team* de la finance française. Six hommes sont là, dont un aristocrate : Hervé Jodon de Villeroché. Ce haut fonctionnaire à la direction du Trésor, la soixantaine, connaît par cœur les arcanes du ministère depuis sa sortie de l'Éna. Malgré son nom à rallonge il est en fait issu de la bourgeoisie du Maine, mais sa femme, née Bonafos de Bélinay, est une pure souche. Dehors, la crise économique commence tout juste à faire des ravages. Bercy, le temple de la finance publique, est truffé de noms à rallonge. Servir les finances de l'État est une tradition, comme nous le verrons au chapitre suivant. Depuis juin 2009, le directeur de cabinet de Christine Lagarde est Alexandre Begoügne de Juniac. Cet X-Éna, passé par Thales (il fut un temps donné pour y succéder au

1. *Stratégies*, 14 avril 2005.

PDG, Denis Ranque), a été l'un des plus proches conseillers de Nicolas Sarkozy, alors ministre du Budget. Il est le fils d'un baron diplomate et sa mère, née des Moutis, est dans le *Bottin.* Depuis le début de la crise économique, il ne quitte plus Cédric de Lestrange, conseiller du cabinet d'Éric Woerth, le ministre du Budget. Et voit régulièrement François d'Aubert, le nouvel expert ès paradis fiscaux de Bercy, depuis que leur disparition a été entérinée au G20 à Londres en avril 2009.

Une flopée de grands noms chuchotent directement à l'oreille de Nicolas Sarkozy, comme les conseillers Erard Corbin de Mangoux, nommé fin 2008 à la Direction générale de la sécurité extérieure (DGSE), les services secrets français, ou Jean-Baptiste de Froment. Certains aristocrates étaient même là le soir de son élection au Fouquet's : l'un de ses meilleurs amis, Xavier de Sarrau, un brillant avocat membre de l'ANF, mais aussi le publicitaire François Guillet de la Brosse, qui a lancé la « web TV » du gouvernement, et sa femme Conrada, née Peralta von Kories, l'ex-meilleure amie de Cécilia. Elle dirige la société de linge de maison baptisée – avec humour – L'Esprit de Château.

La carrière des armes fut pendant des siècles un passage obligé pour les rejetons de ces familles nobles. Le second fils entrait dans l'armée, tandis que l'aîné héritait des terres et le troisième entrait dans les ordres. Si cette tradition est évidemment tombée en désuétude, nombre d'aristocrates quadrillent encore l'armée française. L'inspecteur général des armées est l'Amiral Édouard Scott de Martinville, le contrôleur général un certain Dunoyer de Noirmont, encore un membre du Jockey Club. Robert de Crémiers commande la région terre Île-de-

France, le chef de la représentation militaire française auprès de l'Union européenne est le général Patrick de Rousiers. Dans un autre genre, c'est Amaury de Hauteclocque, parent du maréchal Leclerc, qui est le grand patron des policiers d'élite du Raid. La liste des descendants des vieilles maisons de France est infinie, contrairement aux États-Unis où les descendants d'immigrés comme John Shalikashvili ou Colin Powell concurrencent ces dernières années les WASP [1] à la tête de l'état-major des armées.

Si l'on trouve autant de noms à rallonge depuis des générations en France dans ce secteur, c'est parce que la noblesse se définit à l'origine comme une classe militaire. Dans la société féodale, le vassal devait à son suzerain de participer aux campagnes guerrières. Le service des armes est une tradition, l'impôt du sang aussi. Au point de voir inscrit sur la tombe du maréchal de la Palice, Jacques de Chabannes : « *Il est mort un jour de bataille. Ne doit-il pas être content ?* » Lors de la Grande Guerre, les aristocrates ont compté dans leurs rangs 5 à 6 % de tués (contre 3 % pour l'ensemble de la nation). Près de 20 % des généraux étaient nobles.

À l'origine, c'est bien pour sauver leur peau – et non pour le goût du service – que les aristos ont embrassé les carrières des armes. Ainsi il leur a fallu rejoindre les rangs de l'armée napoléonienne pour se faire rayer de la liste des émigrés, et par conséquent retrouver une existence légale, puis se voir restituer leurs biens, confisqués lors de la Révolution [2].

Certains de ces militaires qui ont fait couler leur sang bleu pour le salut du pays ont formé un cercle d'entraide qui ne

1. White Anglo Saxon Protestants, descendants des colons européens.
2. *Revue du souvenir napoléonien*, Jérôme-François Zieseniss, 1980.

compte *a fortiori* aucun roturier. À la prestigieuse Société des Cincinatti, la branche française de la célèbre société patriotique américaine, il n'y a pas un seul membre qui n'ait une particule ou un titre nobiliaire, des rédacteurs du site Internet jusqu'au président en exercice – actuellement le duc de Choiseul Praslin. Ce vieil ordre militaire ressuscité en 1925 sous l'impulsion du baron de Contenson (dont le descendant, Louis, est aujourd'hui vice-amiral), regroupe les descendants des officiers supérieurs ayant combattu pour l'indépendance américaine. Certains des quatre cents membres sont très influents. Ils dînent à la même table chaque année au mois d'octobre au Sénat, en souvenir de la fin de la Guerre d'indépendance. L'ironie de l'histoire est que ce club, créé à l'origine en 1784 par des ducs, chevaliers et comtes dont le vice-amiral d'Estaing, n'a accepté Valéry Giscard d'Estaing que comme « membre d'honneur », faute d'une authentique ascendance. Son fils Louis Giscard d'Estaing, pourtant président du groupe d'amitié parlementaire France-États-Unis de l'Assemblée, s'est vu proposer le même statut. Comme l'ANF, ils viennent en aide aux personnes dont « la condition morale et matérielle » le nécessite, à la seule condition qu'elles soient capables de prouver leurs origines aristocrates et leur état de services. Cette élite militaire pratique aussi depuis peu l'échange de maisons et d'appartements entre membres américains et français. Et chaque année, un boursier français choisi parmi les fils et petit-fils de membres part un mois entier visiter les États-Unis l'été aux frais de la princesse. Le chanceux de l'année scolaire 2008-2009 était un certain... François de Charette, étudiant à Sciences Po Lille et descendant du célèbre général vendéen.

Le Quai d'Orsay, une chasse à garder

On ne recense aujourd'hui plus que quatre-vingt-quatre noms à particule sur un corps diplomatique de trois mille six cents personnes (5 %)[1]. L'Élysée y est pour quelque chose pour avoir décidé de remettre un peu de sang neuf dans cette institution. Le président juge en effet « *les diplomates trop aristos* », trop « *prétentieux* »[2]. En mars 2009, Bernard Kouchner, ministre des Affaires étrangères, a présenté sa réforme. Il veut ouvrir les postes d'ambassadeur à la société civile, mettre « *de nouveaux visages* » à la tête des ambassades, afin que le corps diplomatique ne soit plus « *une caste* ». Ou la chasse gardée de quelques lignées, aurait-il pu ajouter, avec à l'esprit ces Caron de Beaumarchais, Jacquin de Margerie, Andurain de Maïtié, Rochereau de la Sablière, La Barre de Nanteuil qui placent leurs rejetons d'une génération à l'autre dans des ambassades clés. Les têtes directement visées par ce coup de balai républicain ont déjà flanché : en 2008, il ne reste plus que quatorze ambassadeurs à particule, contre vingt-deux cinq ans plus tôt.

Et puis la diplomatie de la tasse de thé, selon la formule célèbre de Georges Pompidou, a disparu. « *Le centre de gravité du métier a changé,* estime André Lewin, ancien ambassadeur et actuel vice-président de l'Académie diplomatique internationale[3]. *À l'origine, le diplomate était chargé de trouver une princesse à son souverain pour nouer des alliances et se prémunir contre les guerres. Désormais il est multifonction et peut aussi bien intervenir dans des affaires de politique intérieure que commerciales. Sa mission de représentation est devenue moindre : avec les progrès des*

1. Annuaire diplomatique 2009.
2. *Le Point*, 20 novembre 2008.
3. Entretien avec l'un des auteurs.

transports et des télécommunications, les chefs d'État se retrouvent lors de sommets réguliers, s'appellent en direct. » En somme, les qualités naturelles des aristocrates – discrétion, sens de l'étiquette et capacité à intercéder – ne suffisent plus. Le nom compte désormais moins que les compétences.

Les aristos en ont vu d'autres. L'un des leurs sera toujours là pour les réintroduire dans le circuit. Ainsi le cabinet de Dominique de Villepin comptait trois aristocrates sur dix-huit, quand celui de Bernard Kouchner n'en compte que deux sur vingt-quatre. Par comparaison, on ne trouvait aucun aristo aux côtés de Philippe Douste-Blazy, tandis qu'Hervé de Charette de la Contrie avait choisi pour directeur de cabinet Hubert Colin de la Verdière...

Pas question de se laisser bouter hors du corps diplomatique aussi facilement. Les aristos luttent âprement pour se maintenir au Quai d'Orsay, avec succès d'ailleurs puisqu'ils conservent des bastions importants. Ils sont encore souvent parachutés dans les ambassades les plus sensibles où leur maîtrise de soi évite les quiproquos. À Rome, Jean-Marc de la Sablière succède à Yves Aubin de La Messuzière. À Moscou, Jean de Gliniasty a pris la place de Stanislas de Laboulaye. Pour servir les rois d'Europe, rien de mieux qu'un descendant de la noblesse. Charles-Henri d'Aragon représente la France à la cour du Luxembourg, Joël de Zorzi à celle de Suède. Au Vatican, l'une des ambassades les plus prestigieuses au monde, ils font encore un tabac. Il faut dire que le profil personnel du prétendant exigé par le pape en personne doit être conforme aux principes chrétiens : baptisé, marié, d'une moralité exemplaire. Sur les dix-huit ambassadeurs de France nommés au Saint-Siège depuis 1948, cinq sont aristocrates, à l'image du tenant actuel du poste, Stanislas Lefebvre de Laboulaye, petit-fils d'un proche de Pie XII et fils d'un conseiller de feu monseigneur Lustiger.

Au service du protocole aussi, leur maîtrise des bonnes manières reste un atout formidable. C'est actuellement Nicolas de la Chevardière de la Grandville, le chef du protocole adjoint, qui se charge d'introduire les ambassadeurs. Réputé pour sa discrétion, il avait été nommé conseiller diplomatique personnel de Cécilia, à l'époque où elle était première dame. En fait, une partie de la diplomatie d'Europe est malgré tout, aujourd'hui encore, aux mains d'aristocrates. En Allemagne, au Royaume-Uni, en Belgique, aux Pays-Bas, les chevalières s'accrochent au corps diplomatique. En Autriche, un certain Albert Rohan (le « de » n'est plus utilisé depuis le premier conflit mondial), membre de l'illustre famille des Rohan-Chabot, était encore il y a peu à la tête du secrétariat général du Ballhausplatz, le Quai d'Orsay de Vienne. Habitués aux mondanités, coutumiers d'une exigence constante de représentation, ils entendent bien faire savoir qu'ils restent des recrues idéales dans un métier où « *savoir-faire et savoir-être sont inextricablement mêlés* »[1].

Ils ont appris à cumuler titres de noblesse et titres universitaires pour rester dans la course.

Quand l'Éna raye les particules de son annuaire

Dans le grand hall blanc et impersonnel, des drapeaux de tous les pays sont rassemblés au pied du grand escalier recouvert de velours rouge. Le siège historique de la prestigieuse

1. *Le métier de diplomate*, Yvan Bazouni, L'Harmattan, 2005.

École nationale d'administration (Éna), rue de l'Université à Paris, est étonnamment moderne. Rien à voir avec La Sorbonne, sa voisine du quartier latin. Au cœur de l'établissement qui a vu défiler sur ses bancs les esprits les plus brillants, se trouve un patio intérieur orientalisant, avec palmiers et céramiques murales. Sur les murs s'égrènent les photos de chaque promotion, depuis la première en 1945 à l'époque du premier président de l'Éna, un certain Henri Bourdeau de Fontenay, commissaire de la République. On y voit au fil des années de plus en plus de jupes, de couleurs, de décontraction, même si la même posture guindée et fière se lit sur les traits des ambitieux étudiants. Arnaud Teyssier, le président de l'Association des anciens élèves de l'École, est un monsieur grisonnant. Ses yeux sont cerclés de petites lunettes rondes à la Serge Moati. Soucieux de prouver que l'établissement ne fait pas de ségrégation sociale, il confirme avec joie que des générations d'hommes et de femmes nobles se sont formées entre ces murs. « *Nombre d'entre eux se sont soumis à la règle démocratique de l'école. Ils se sont assujettis à la mécanique démocratique du classement, ont accepté de passer sous les fourches caudines.* »[1] D'après la liste intégrale des énarques, cent quatre-vingt-six ont un nom à particule, sur un total de cinq mille quatre cent soixante-dix-huit élèves sortis à la fin 2006. Ça n'est pas rien. Les aristos ont compris que les postes ne leur revenaient plus de droit, et que, pour les conquérir, il fallait en passer par l'école. Une sacrée évolution si l'on songe aux nombreux projets d'école pour hauts fonctionnaires auxquels ils se sont opposés aux siècles

1. Entretien avec l'un des auteurs.

derniers, de peur de voir des gens moins bien nés marcher sur leurs plates-bandes[1].

De nombreux ténors de l'État ont relevé le défi, comme Marc Ladreit de Lacharrière, les ducs Josselin de Rohan et Hélie de Noailles, le vicomte Philippe de Villiers, le prince Gabriel de Broglie, des fils de grande famille comme Stanislas de Laboulaye, Benoît d'Aboville, deux Clermont-Tonnerre, quatre Mazières, les deux frères Villepin, etc. Un Dutheillet de la Mothe faisait partie de la toute première promotion, baptisée France combattante, et un autre membre de cette même famille fait partie de la toute dernière promotion. Selon Arnaud Teyssier, « *l'Éna a cassé le jeu des réseaux et des origines qui biaisait le recrutement des serviteurs de l'État* ». Et de citer ce candidat aristocrate collé sous les yeux de son camarade grand bourgeois reçu. Une anecdote amusante : dans l'annuaire 2006, une erreur de fabrication a amputé tous les noms à particule. Le président de l'association a dû se fendre d'un courrier aux intéressés pour leur préciser, avec humour, qu'il s'agissait bien d'une erreur technique et non « *d'une manifestation passéiste de vindicte révolutionnaire* » !

Mais la suppression du classement de sortie annoncée récemment par Nicolas Sarkozy risque fort, selon Teyssier, de stopper net la démocratisation des carrières républicaines. « *Le classement permet aux meilleurs d'une promotion de choisir leur affectation dans les grands corps de l'État. Après sa suppression, ce seront les recruteurs qui les choisiront. Cela risque de marquer un retour en force du favoritisme social car il peut y avoir une tendance ins-*

1. Plusieurs projets d'école diplomatique ont capoté aux XVIIIe et XIXe siècle. L'Académie de Politique n'a fonctionné qu'entre 1712 et 1720. Et la première École nationale d'administration, créée en 1848 pour favoriser l'accès égal de tout citoyen à la fonction publique, est abolie seulement un an plus tard. *Le métier de diplomate, op. cit.*

tinctive à embaucher des gens qui vous ressemblent » poursuit-il. Le sujet, hautement polémique, s'est même invité au Sénat en mai 2009. Tous les orateurs, dont Josselin de Rohan pourtant sorti mal classé de l'Éna, se sont prononcés contre cette réforme.

III

LES CROISÉS DU CAC 40

Les jeunes La Rochefoucauld ou du Luart empêtrés dans la crise financière. Une cohorte de Giscard d'Estaing et leurs stock-options. *Mais pourquoi autant de barons, de vicomtes et de comtes dans les conseils du Cac 40 ? Quand Albert Frère et Bernard de Nonancourt chuchotent en forêt. Où l'on découvre les mille et une familles à particule de l'économie française.*

23 décembre 2008, à l'aube. Au vingt-deuxième étage du 509 Madison Avenue, à Manhattan, la police découvre le corps sans vie d'un grand financier new-yorkais. L'homme, une soixantaine d'années, belle chevelure blanche, est assis en costume à son bureau. Il a avalé des somnifères avant de se trancher les veines au cutter, prenant soin de placer une poubelle sous son bras afin d'éviter une mare de sang.

En l'espace de quelques heures, à la veille des fêtes de Noël, la nouvelle fait le tour du monde. Ce décès est celui du patron de la société de gestion Acces International Advisors. Le premier visage d'une tragédie planétaire inédite dans l'histoire du capitalisme financier : l'affaire Madoff, du nom de ce courtier qui, pendant vingt ans, a abusé des centaines d'investisseurs en réalisant des placements miraculeusement rémunérateurs. Le sys tème était diaboliquement simple, sa longévité reste une énigme : Madoff récupérait des fonds grâce à des gestionnaires de fortunes comme Acces International et ne payait que les dividendes grâce aux entrées d'argent de nouveaux contractants. Le reste, l'argent investi, partait en fumée. Madoff laisse une ardoise évaluée à soixante-cinq milliards de dollars. Acces International est une des dix principales victimes de la gigantesque fraude : deux milliards de dollars de ses clients se sont évaporés. Ils sont irrécupérables.

En France, ce suicide fait particulièrement sensation. Car le malheureux banquier est français. Il porte un nom à rallonge que le grand public découvre et que l'on suppose, à juste titre, lié à l'histoire de France : Thierry Magon de La Villehuchet, descendant de corsaires puis de grands armateurs malouins anoblis par le roi. Plus tard, nombre de ses ancêtres marcheront sans faillir vers l'échafaud. Lui, Thierry, a traversé l'Atlantique pour se mesurer aux requins de la finance, voici une trentaine d'années déjà. L'homme a le profil du parfait aristocrate. Châtelain, il se ressource deux fois par an dans son immense manoir de Plouër-sur-Rance, en Bretagne nord, où il a investi l'essentiel de ses gains américains. Sportif accompli, il est un « voileux » hors norme, un barreur de compétition plusieurs fois champion sur Star, un quillard olympique manipulable uniquement par des professionnels de la mer, sa grande passion.

Accessoirement, c'est un gentleman au carnet d'adresses rempli de particules et de têtes couronnées. Entre la Bretagne, ses bureaux new-yorkais, sa maison de New Rochelle (comté de Wetchester), La Villehuchet avait fait du... Jockey Club son camp de base parisien. Il y dormait dans les annexes réservées aux membres de cercles associés « étrangers », et riait, comme beaucoup de visiteurs, à l'étrange papier-peint figurant les murailles de pierre d'un donjon qui garnit l'étage des membres invités. La Villehuchet y réglait même – discrètement bien entendu – quelques affaires. Son réseau, les aristos et les têtes couronnées de toute l'Europe, était à la base de son succès.

Libéral assumé, il voyait dans l'Amérique un modèle indépassable. Formé chez Paribas, il quitte la France en 1981 au moment de l'élection de François Mitterrand. Avec le temps, l'héritier La Villehuchet s'impose à Wall Street. Sa réputation est telle que personne, ni ses amis, ni sa famille, ni ses meilleurs clients, ne se refusent à lui quand il leur propose du « Madoff ». Deux jours avant ce Noël 2008, il a compris que son rêve américain allait définitivement s'effondrer. La Villehuchet a choisi de quitter la place financière avec méthode, sa méthode, celle d'un patricien. « *Quand vous déplaisiez à César, vous vous tranchiez les veines. Ce n'est pas un hasard s'il est mort comme ça, c'est un choix. Mon frère avait une conception de l'honneur qui peut paraître aujourd'hui dépassée* », explique son frère aîné Bertrand qui, lui, a fait carrière en France[1]. Les cendres de Thierry de La Villehuchet – qui avait exigé d'être incinéré – ont été ramenées en pays Malouin en janvier 2009.

La Rochefoucauld chez Standard & Poor's

Le dénouement de la carrière de Thierry Magon de La Villehuchet est un drame de la finance moderne. Cette existence intense illustre aussi combien les valeurs, les codes, les habitudes de l'aristocratie française – et européenne – peuvent se fondre à merveille dans les rouages du capitalisme financier moderne.

1. *Le Journal du Dimanche*, 28 décembre 2008.

D'autres Magon de La Villehuchet, d'autres héritiers, ont connu des destinées bien moins shakespeariennes.

Transportons-nous dans un superbe appartement parisien que nous connaissons déjà, celui de Bernard de Polignac et son tableau poussiéreux représentant un sanglier, ses récits de chasse à l'aube... Cette fois-ci, c'est son épouse, Jeanne-Françoise de Polignac, née La Rochefoucauld, qui est assise, très droite, dans le vieux canapé Empire du salon. Les La Rochefoucauld ! Rares sont les familles à pouvoir se réclamer d'autant de titres de noblesse. Leurs origines remontent aux seigneurs charentais de La Roche, voici mille ans. Rien qu'au Jockey Club, ils sont actuellement une bonne douzaine à porter ce nom connu pour, entre autres, leur superbe château de famille en Charente limousine. Jeanne-Françoise de Polignac reçoit avec une charmante simplicité, mais l'on sent que l'on n'est pas chez n'importe qui : « *Si vous vous trompez de sonnette, ne vous inquiétez pas, il n'y a que des gens de notre famille dans l'immeuble* » avait-elle prévenu. Cette petite dame énergique, très soignée, à l'élocution parfaite, est la fille de feu Alexandre de La Rochefoucauld, Duc d'Estissac, qui ne fut autre que le prédécesseur de François de Cossé-Brissac à la tête du Jockey. Sa mère, la duchesse Antoinette, est une Moustier, autre grande famille. Derrière ce profil digne de la France d'antan, derrière cette identité de princesse par alliance, Jeanne-Françoise de Polignac vient de prendre sa retraite après une très belle carrière dans un domaine où l'on ne l'attend pas : la notation financière. Cette spécialité du capitalisme international est justement au cœur de la crise financière. Fin 2008, l'héritière ducale mettait un terme à dix années à la tête de Standard & Poor's France, avec des compétences élargies sur tout le continent européen. La multinationale l'avait envoyée jusqu'au fin fond du Tatarstan pour évaluer la santé financière de villes ou de collectivités russophones.

L'épouse de Bernard de Polignac incarne à la perfection cette capacité qu'ont beaucoup d'héritiers des grandes familles à s'adapter à leur époque, voire à la transcender. « *Dès le départ, mes parents, qui étaient la première génération à travailler, m'avaient orientée vers des études utiles de droit,* se souvient-elle. *Mais je me suis intéressée très tôt à la vie des entreprises, au monde bancaire, à la finance, puis finalement à l'analyse financière, c'est-à-dire à la santé des sociétés, à leurs comptes, etc.* »[1] Elle sera tour à tour avocate, vendeuse de Sicav, analyste, avant de s'imposer dans la notation. « *Derrière la note il y a la vie, derrière les comptes, la réalité* » dit cette présidente qui a vécu comme les businessmen yankees : affaires en anglais, déplacements en jet privé, douze heures de travail par jour, les interviews à *L'Agefi* ou aux *Échos.* Ses dernières vacances en Sicile ont été perturbées par le crash des *subprimes.*

Des La Rochefoucauld brillant dans la finance, cela arrivera encore. Un ancêtre direct de Jeanne-Françoise de Polignac, le duc François de La Rochefoucauld-Liancourt – dont l'oncle répartit à Louis XVI le fameux « *Non sire, c'est une Révolution !* » – fut premier président de la Caisse d'épargne de Paris. Aujourd'hui, une certaine Louise de La Rochefoucauld, la propre nièce de Jeanne-Françoise, fait carrière à Londres chez Moody's, l'autre grande agence mondiale de notation. Avec la crise financière, elle a fort à faire, mais peut compter sur les conseils de sa tante. Une autre de ses nièces, Anne de La

1. Entretien avec l'un des auteurs.

Rochefoucauld, travaille chez LCL (ex-Crédit Lyonnais). Ce qui ne les a nullement empêchées de s'allier dans leur milieu d'origine : la première est madame Christophe Walewski, du nom de cette famille princière d'origine napoléonienne, la seconde madame Stanislas de Guignet.

Il est courant de dénicher de grands noms de l'histoire de France dans les couloirs des grandes multinationales. Prenons un certain... Roland du Luart, un quadra qui s'est construit une belle réputation dans l'analyse immobilière américaine. Il habite à New York et figure parmi les espoirs de la grande banque suisse UBS pour sa section *real estate*, qu'il dirige. Même si du Luart doit affronter la tempête des *subprimes*, il ne craint pas pour son emploi. Il s'agit bien entendu du fils aîné du vice-président du Sénat, un peu dépassé par la carrière météorique de sa noble progéniture. « *Il ne s'intéresse pas à la politique, cela me désespère !* » dit Roland du Luart père[1]. Contrairement à une idée reçue, les historiens ont démontré que les nobles furent très tôt, sous l'Ancien Régime, impliqués dans les affaires de la finance, qu'elles relèvent de l'État ou de la sphère privée[2]. On sait plus qu'ils devinrent de grands banquiers, de grands assureurs, de grands financiers, notamment lors de l'âge d'or du Second Empire. La tradition ne s'est pas interrompue avec la démocratisation des études supérieures, bien au contraire. Selon une étude du comte Lionel de Warren[3], les membres de l'ANF étaient, dès la fin des années quatre-vingt, plus nombreux à être

1. Entretien avec l'un des auteurs.
2. Y compris, si besoin, *via* des hommes de paille. Lire *Argent, pouvoir et société au Grand siècle*, Daniel Dessert, Fayard 1984, cité par E. Mension-Rigau.
3. Citée par E. Mension-Rigau.

devenus assureurs ou banquiers que militaires ou agriculteurs, leurs métiers d'origine[1].

Une carrière résume à elle seule le pouvoir renforcé des héritiers de la noblesse sur le capitalisme financier français du début du XXIe siècle, celle d'Henri de Castries (dont il faut rappeler la prononciation, « Castre »), président du directoire du premier assureur européen, Axa, assis sur mille cinq cents milliards d'euros de fonds sous gestion, ce qui en fait le premier « patron » de l'épargne des Français. Lisse, souriant, une apparence de gendre parfait, Castries est un fantasme vivant, un profil idéal pour les aristocrates actuels. Il compte parmi les héritiers d'une très grande famille de la noblesse de robe anoblie en 1487, descendant direct d'un duc, de ministres royaux, d'un maréchal, et dont les faits d'armes remonteraient aux croisades. À ce titre, il est comte de La Croix de Castries.

Ce sang, il ne l'a pas mélangé avec n'importe qui. Sa charmante épouse Anne, avec qui il a trois enfants, est une cousine, petite-fille de l'académicien René de Castries (qui, lui, est duc). Ses manières et son style de vie font de lui un authentique « aristo ». Membre du *Bottin Mondain*, de l'ANF, du Jockey, il chasse, il pratique les sports de son milieu (tennis, golf, équitation) et il se retire tous les week-ends avec sa famille dans son château d'Anjou. Il a aussi la passion des armes, de l'armée, du combat, en plus de celle des sports extrêmes. Son service national, il l'a vécu dans un régiment de hussards parachutistes à Tarbes, qu'il complétera par une formation dans un centre de sauts pour officiers de l'armée allemande en Bavière. Il a dû

1. Selon l'annuaire 2001 de l'ANF, le nombre de financiers inscrits était passé de 87 à 121 en vingt ans, contre 182 à 171 pour les agriculteurs.

récemment promettre à son épouse d'arrêter les sauts en altitude tant que ses enfants ne seraient pas majeurs.

Henri de Castries est donc un bagarreur, un « croisé » aurait-on exagéré en d'autres temps. L'armée fait partie de son univers. Il appartient d'ailleurs à la branche française des Cincinnati, ce cercle élitiste de l'armée française déjà cité. Le père d'Henri de Castries, le comte François, fut d'ailleurs longtemps un des présidents de l'association. Avant-guerre, Henri de Castries aurait sans doute fait Saint-Cyr, et serait déjà général de corps d'armée. Aujourd'hui, la guerre est économique. Il a donc commencé par entrer à HEC, dont il est sorti major, et explique maintenant que, né quinze ans plus tard, il aurait certainement fait un MBA. Après HEC, il s'attaque à l'Éna, afin « d'accélérer » sa carrière. Major là aussi – comme Valéry Giscard d'Estaing – il va bénéficier de son excellent classement pour s'introduire au sein d'une caste de la République : l'Inspection générale des finances (IGF). Au Trésor, il s'occupe des privatisations, avant de filer vers le privé, son objectif final. Ce sera Axa, dès 1989, où le « monarque », véritable parrain du capitalisme français, un certain Claude Bébéar, fera de lui son dauphin. À ceux qui alignent devant lui des ancêtres serviteurs de la France, tels un ministre de la Marine sous Louis XVIII ou un général qui commanda Diên-Biên-Phu, Henri de Castries met sur la table ses ancêtres très tôt engagés dans l'entreprise : « *L'un de mes arrière-arrière-grands-pères est à l'origine de la Compagnie des Phares de la Méditerranée, sous Napoléon III* [...]. *Du côté de ma mère, chez ses ascendants grecs, on trouve une longue lignée de banquiers et d'hommes d'affaires. Mon grand-père Pierre de Chevigné* [...] *a également géré les affaires de la famille. Après la guerre, il faisait partie des actionnaires du journal* L'Aurore. *Il y a une double tradition dans ma famille : le service de l'État, mais aussi de l'entreprise.* »[1] Castries assume totalement son engagement : être un très grand patron sert aussi bien l'intérêt général que le propre maintien de son rang et celui de sa famille. L'ancien camarade de François Bayrou devenu proche de Nicolas Sarkozy – qui lui aurait proposé un poste de ministre de l'Économie – a été coopté pour ses compétences. Comme nous allons le voir, les aristos affirment tous « mépriser l'argent », mais celui qu'on gagne, pas celui qu'on possède en famille pour assurer sa position.

Les grandes familles donnent toujours, régulièrement, de grands argentiers, « *tout simplement parce qu'il faut bien vivre* » admet Jeanne-Françoise de Polignac. Il faut distinguer les empires érigés à la force du poignet des fortunes familiales laissées en héritage. Pendant des siècles, les familles aristocrates disposaient d'un matelas financier considérable issu de leurs privilèges terriens. Peu à peu, ce patrimoine s'est délité. Et au moment où l'impôt sur la fortune a été inventé, au début des années quatre-vingt, ils se sont massivement mis à travailler. Pour Sophie Coignard, spécialiste des fortunes et des réseaux[2], les « deux cents familles actionnaires »[3] qui dominaient l'économie française depuis la Révolution, les Chodron de Courcel, Hottinguer, Vogüé, Cassagne de Beaufort, Balsan, bref tous ces noms prestigieux qui hantent encore l'annuaire du Jockey, n'ont pas fait fortune ces dernières années. Seuls les Rothschild

1. *Le Point*, 1er novembre 2007.
2. *Le Point*, 28 juillet 2005.
3. Célèbre expression dénonçant la mainmise sur l'économie française des deux cents actionnaires de la Banque de France avant-guerre.

et les Wendel sont encore bien représentés dans le classement de référence des « 500 plus grosses fortunes professionnelles » publié annuellement par le magazine *Challenges.* Les financiers à particule sont maintenant salariés, souvent compétents et très bien rémunérés, mais salariés.

L'actuel autre grand patron de l'épargne des Français est encore un porteur de titre d'Ancien Régime : il s'agit du comte Augustin de Romanet de Beaune. Ce discret serviteur de l'État a demandé à ses collaborateurs « d'oublier » sa deuxième particule et de ne plus jamais mentionner son titre de comte quand il a été nommé au poste de directeur général de la Caisse des dépôts et consignations (CDC), un puissant bras financier de l'État, qui concentre par exemple la totalité des sommes déposées par les épargnants sur leurs livrets A. Augustin de Romanet, puisqu'il faut le nommer ainsi, a été promu par Jacques Chirac, un président dont nous avons rappelé le tropisme aristo. Romanet est bibliophile, a épousé une Burin des Roziers, c'est un énarque familier de tous les cabinets de droite depuis François d'Aubert (Budget) en 1995. Il fréquente l'Interalliée et est décoré de la médaille de la défense nationale.

La finance française est donc restée un monde aristocrate, ce, jusqu'au sommet. Parmi les inspecteurs des finances – l'élite de l'élite républicaine, qui, eux forment une véritable « caste » – dotés d'une particule, quelques-uns ont choisi de servir l'État. Il y a Noël de Saint-Pulgent, très discret président de l'ANF, inspecteur général en fin de carrière, à l'instar de Jean-Baptiste de Foucauld, Hervé de Gouyon de Coipel, Xavier de Verdelon[1].

1. Les noms des Inspecteurs sont tirés du livre de Ghislaine Ottenheimer, *Les Intouchables,* Albin Michel, 2004.

Il y a aussi des « détachés » comme Louis de Fouchécour (chez GDF-Suez), des retraités actifs comme l'ancien président, académicien et châtelain Valéry Giscard d'Estaing, des membres de cabinets ministériels comme François de Mazières, élu maire de Versailles en 2008.

Mais un très grand nombre se sont laissé recruter par la finance privée afin d'accomplir leur destin en entreprise et... gagner beaucoup plus d'argent. Olivier Costa de Beauregard, dont le patronyme orne la plaque « Morts pour la France » du Jockey Club, a quitté l'inspection pour faire carrière au CCF (qui deviendra HSBC), puis chez Dassault. Gilles de Margerie est directeur de la banque privée pour Casa (Crédit agricole SA), la structure de tête du premier établissement bancaire français, le Crédit Agricole. Géraud Brac de La Perrière est président d'Allianz Global Investors. Charles de Croisset, en réalité Charles de Wiener de Croisset, a été plusieurs fois administrateur financier de grands groupes (Bouygues, Renault, LVMH) avant de devenir le « monsieur paradis fiscaux » de la Sarkozie. Gérard de la Martinière est devenu président de la puissante Fédération des assurances et émarge maintenant chez Axa. Guy de Panafieu, mari de Françoise de Panafieu, ancien président de Bull, est maintenant dirigeant chez Calyon[1]. Quant à François Villeroy de Galhau, ami intime d'Henri de Castries, même si sa sensibilité porte à gauche, il a, comme son camarade, délaissé la finance publique. Castries devait succéder à Jean-Claude Trichet à la tête de la Banque de France, du moins dans l'esprit de l'actuel gouverneur de la Banque centrale européenne, mais il est parti chez Axa. Villeroy de Galhau, fils de banquier, polytechnicien en plus

1. Banque d'investissement du groupe Crédit Agricole.

d'être inspecteur des finances, était pressenti pour la Direction du Trésor avant de céder aux sirènes du privé, cette fois à l'appel de Michel Pébereau, grand patron de BNP-Paribas, qui en a fait une sorte de « numéro trois » (patron de Cetelem, filiale crédit à la consommation, puis du très rémunérateur pôle « banque de détail »). Cette fuite vers le privé concerne toutes les générations d'inspecteurs. Prenons Jacques de Larosière de Champfeu, un grand serviteur de l'intérêt général à la carrière somptueuse : chef de cabinet du ministre de l'Économie Valéry Giscard d'Estaing, directeur du Trésor, directeur général du FMI, gouverneur de la Banque de France, président de la Berd... Il est maintenant conseiller du président du Conseil de surveillance de BNP Paribas, Michel Pébereau.

Des barons, des comtes, des vicomtes...

Les mêmes causes générant les mêmes effets, c'est en réalité toute la sphère économique – et pas seulement la finance – qui est investie par des lignées d'aristocrates recevant une belle feuille de paie. Le nombre de barons et autres comtes dirigeants au Cac 40 ou dans les plus grandes sociétés françaises est impressionnant et très signifiant sur la capacité de ce réseau à rentabiliser son capital social et son ancienneté. Total, Axa, Saint-Gobain, Michelin, Carrefour, Altran ou Dassault possèdent, nous l'avons vu, des Margerie, Castries, Chaisemartin, Chalendar, Sèze ou autres Sénard à leurs têtes. Dans toute l'économie française, des centaines de dirigeants portent des patronymes hérités de l'histoire comme Rohan-Chabot, Walewski, Costa de Beauregard, d'Ornano, Ribes, etc.

Pour un des jeunes talents de l'industrie informatique française, Stanislas de Bentzmann, la surreprésentation de particules dans les cercles dirigeants de la finance n'est pas une surprise. Avec son frère Godefroy, cet héritier d'une noblesse autrefois allemande, puis périgourdine, se sent aussi à l'aise avec ses racines que dans la mondialisation. Les deux frères possèdent un maintien très « aristo » mais furent dès le départ des passionnés de nouvelles technologies. Ils ont créé Devoteam, une multinationale informatique peu connue du grand public mais très importante en France avec quatre mille cinq cents salariés sous ses ordres. Il faut voir Stanislas de Bentzmann évoquer dans un « franglais » typique des milieux *high-tech* ses activités au Jockey – quand il a le temps d'y déjeuner – ou au Tir aux Pigeons. « *Je suis très ouvert sur le monde, j'aime la mondialisation, en même temps que j'assume parfaitement mon éducation et mes valeurs* » dit cet urbain divorcé, très attaché aux traditions de son Périgord natal[1]. Pour ce jeune patron de quarante-sept ans, une majorité de familles aristocrates ont su se fondre dans cette accélération du paysage économique. « *Nos racines, très profondes, nous ont paradoxalement permis de mieux nous intégrer à un monde en perpétuel bouleversement* » explique-t-il. Ses meilleurs amis se nomment aussi bien Laurent de Sève ou Charles-Hubert de Chaudenay, deux camarades du Jockey, que Michel Benhamou (fondateur de vente-privee.com). Ce père de trois fils aux prénoms chevaleresques, Melchior, Théobald et Valfroy, vient d'envoyer son aîné démarrer ses études en Grande-Bretagne, au sein de la très prestigieuse London School of Economics.

L'obtention d'un bon diplôme est évidemment la clé qui offre aujourd'hui aux aristos de s'imposer sur le devant de la scène. Le

1. Entretien avec l'un des auteurs.

parcours scolaire est devenu un incontournable de l'éducation des jeunes héritiers d'un grand nom. « *Autrefois perçus comme une offense parce qu'ils substituèrent la méritocratie à l'aristocratie, les diplômes ont peu à peu été acceptés et sont aujourd'hui l'objet d'une quête acharnée* » explique le normalien Éric Mension-Rigau[1].

Georges Chodron de Courcel, un parent de l'ex-*first lady* Bernadette Chirac, directeur général délégué de BNP Paribas, est passé par l'Éna, comme des dizaines de hauts dirigeants à particules. Le baron François-Xavier d'Aligny (François-Xavier Picot de Moras d'Aligny), ancien patron de Deutsche Bank France, actuellement au groupe Erste, en Autriche, est diplômé de l'École supérieure de commerce de Paris (ESCP). Quant à Gonzague de Blignières (Gonzague Le Barbier de Blignières), doctorant en... physique du solide, il a créé Barclays Private Equity France tout en prenant la présidence de l'Association française des investisseurs en capital (Afic). Même un héritier du trône de France, le prince Louis de Bourbon, *alias* Louis XX pour ses partisans, a bien compris qu'il ne régnerait jamais et qu'il lui fallait réussir dans le business pour « maintenir son rang ». Après avoir obtenu un master en Finance – et contracté un mariage d'amour avec une roturière ! – il est devenu... banquier.

On trouve de très nombreux diplômés de grandes écoles anglo-américaines parmi les « reudeudeu », preuve de leur inscription assumée dans la mondialisation économique. Jacques-Étienne de T'serclaes de Wommerson, fils du baron Charles-Édouard, est passé par Stanislas mais aussi... Harvard, avant de

1. *Aristocrates et grands bourgeois, op. cit.*

finir au Conseil de surveillance d'Altran tout en occupant la fonction de *senior advisor* chez Morgan Stanley.

Parallèlement au Jockey, l'Éna et les autres grandes écoles de la République, investies par les particules, participent donc, quelque part, d'un certain « réseau » aristo. Le comte Pierre-André de Chalendar (Éna, promotion Solidarité), encore un inspecteur des finances – lui-même fils d'inspecteur des finances –, est devenu en 2008 directeur général de Saint-Gobain et successeur désigné de l'imposant Jean-Louis Beffa. Chalendar est extrêmement discret sur ses convictions aristocratiques et n'a jamais fait mention de son titre nobiliaire car en ces temps de révolte des petits actionnaires floués, être dirigé par un comte d'Ancien Régime passerait certainement mal. Il n'en est pas moins membre d'un cercle ultra-élitiste où il peut à loisir discuter affaires avec Henri de Castries : la société des Cincinnati de France, encore elle. « *La discrétion, dans notre milieu, est une valeur cardinale* » explique Stanislas de Bentzmann. Le schéma est toujours le même : les dirigeants à particule sont trop nombreux, fréquentent trop les mêmes cercles pour ne pas former *de facto* un réseau. Jean Desazars de Montgailhard (Éna, promotion Michel de l'Hospital), dont la mère est une Nicolaÿ, est directeur général adjoint du groupe Lafarge, encore un poste stratégique. Son camarade de promotion Robert de Metz, qui est également très proche d'Henri de Castries, a très tôt migré vers Indosuez, puis Paribas, avant de devenir directeur de la stratégie du groupe Vivendi. Sous le pseudonyme de... Saint-Guillaume, il écrivit voici vingt ans un livre intitulé *Le gaspillage des élites*[1]. Un constat qui ne peut s'appliquer à l'élite de l'aristocratie actuelle.

1. Robert Laffont, 1984.

Les particules du XXIe siècle savent en effet capitaliser sur leurs ressources pour s'éloigner de leurs métiers traditionnels (l'armée, la diplomatie...) et investir des pans entiers de l'économie moderne. Voilà pourquoi se réinventent de nouvelles dynasties. Les Jacquin de Margerie, une lignée de diplomates, se reconvertissent maintenant dans le business où leurs talents d'intercession font merveille. Ils sont présents à travers, outre l'inspecteur des finances déjà cité Gilles (Casa), Thierry, vice-président international d'Alstom, Patrice, président du conseil d'administration du groupe du Louvre (hôtellerie), et surtout Christophe, nouveau PDG du géant pétrolier Total en tant que successeur désigné de Thierry Desmaret.

Même la dynastie politique des Giscard d'Estaing possède maintenant d'illustres représentants dans l'économie française. Henri, fils de VGE, est devenu président du Club Méditerranée, poste dont tient à le déchoir un certain Bernard Tapie. L'icône du *self made man* déteste par essence le système de reproduction sociale des aristos aux affaires et ce sentiment n'est pas pour rien dans son désir d'évincer Giscard. Il faut aussi compter avec Antoine Giscard d'Estaing, nouveau directeur financier du groupe Casino, membre du conseil de surveillance du groupe de média et de radio NRJ. Ainsi que Nicolas, à la Financière Edmond de Rothschild. Les filles de VGE sont elles-mêmes dans le business : Jacinte est présidente du Paris Horse Show et gérante de Poneyland, Valérie-Anne est PDG de Photos 12 et travaille dans l'édition auprès de son mari Bernard Fixot, le magnat du groupe Fixot[1]. Il y a aussi Laurent (un directeur

---

1. Il a, rappelons-le, coédité son beau-père Valéry Giscard d'Estaing pour *La princesse et le président*, lire chapitre 1.

d'Air France) et Guillaume, PDG de la Sofema (après une carrière chez Safran, ex-Cogema). Cette nouvelle génération ne fait que rééditer les exploits du trio senior des Giscard d'Estaing. Valéry suit depuis vingt ans le projet culturel et touristique Vulcania, Philippe est ancien PDG de Thomson International et Olivier a sévi dans la finance. Il était encore en 2009 administrateur de Generali France. On compte en 2009 quatorze « Giscard » dans le *Who's Who !* Voilà qui pèse une certaine somme en salaires fixes, variables, en parachutes et *stock-options.*

Certes, les Giscard d'Estaing ne peuvent rivaliser avec la famille élargie du seul « baron » connu du grand public français : Ernest-Antoine Seillière (Ernest-Antoine Seillière de Laborde), chef de la famille Wendel, un vaste groupe d'un gros millier d'actionnaires dont les actifs, hérités du temps des deux cents familles, se comptent en milliards d'euros. Aujourd'hui, les Wendel, une dynastie de maîtres de forge, ont intégré par alliance un nombre impressionnant de noms à particules : les La Bourdonnaye, les Mitry, Panafieu, La Rochefoucauld, Contades, Lattre, La Panouse, Maillé de la Tour-Landry, et même quelques Cossé-Brissac, etc. À tel point qu'il a été calculé que... 78 % des membres actuels de cette très grande famille sont d'apparence nobles, avec particule ou titre de noblesse[1]. Là encore, il existe donc plusieurs centaines de « Wendel » évoluant dans la banque, la finance, l'industrie, les médias, etc.

Nombre de « lignées », certes moins prolifiques, ont essaimé dans l'économie française. Les Labriffe sont banquiers de père en fils (ceux-là mêmes dont une des filles a épousé le socialiste Arnaud Montebourg), comme Christian de Labriffe, actuelle-

1. Par les sociologues Monique Pinçon-Charlot et Michel Pinçon, *in* Sophie Coignard, *op. cit.*

ment chez Rothschild. Les Lehideux sont dans la banque et les sociétés de gestion, tout comme les Murard de Saint-Romain ou les La Bouillerie. Les d'Orgeval, une succession de barons, sont administrateurs de sociétés, comme l'ont longtemps été les Vogüé et certains d'Ormesson. Les nouvelles générations d'aristos suivent systématiquement ces nouvelles voies du business salarié. Nombre d'entre eux sont ainsi des fils de militaires ayant rompu avec une tradition familiale fortement ancrée. Comme Guy de Brantes, fils d'un lieutenant-colonel (François Sauvage de Brantes) et d'une princesse (Aymone de Faucigny Lucinge et Coligny), membre du Jockey, mais qui a fait sa carrière... chez Hermès. Comme Benoît de Roux, directeur général adjoint de Gras Savoye alors que son père fut officier de marine.

Une frange d'entrepreneurs a, en outre, émergé avec la conversion de l'économie française à la mondialisation. Bruno de Pampelonne, fils du général de brigade aérienne Henri de Geis de Guyon, golfeur, bibliophile, membre du Jockey et du Polo, a fait carrière chez Merrill Lynch avant de créer sa propre banque d'investissement en 2007 : Tikehau Investment Management.

Cette caste d'innovateurs échappant au nouveau système élitiste des nobles français est plus nourrie qu'il n'y paraît. Olivier Fisson Jaubert d'Aubry de Puymorin est autodidacte et se fait appeler plus simplement Olivier de Puymorin pour régler les affaires d'Arkadin, sa société de téléconférences. Alexandre Murat, lui, fils du Prince Napoléon uni à une Luynes (Inès), descendant du célèbre maréchal, amateur de photographie, a lancé son site Adamence.com. Un autre prince, Louis-Albert de Broglie, a lancé, après une première carrière dans la banque,

Le Prince Jardinier, marque qui compte dans l'univers de l'art du jardinage. Emmanuel de Rohan-Chabot, une famille qu'on ne présente plus, est un cas encore plus extrême : il fut le premier à briser le monopole du sacro-saint PMU français en installant une société de paris hippiques à Malte (ZeTurf.com). Ce sont les deux cents familles de demain.

Les affaires sont les affaires

Bien entendu, ces dirigeants à particule possèdent une tendance irrésistible à s'entourer de leurs semblables. Chez Axa, l'organigramme confine à la caricature. Depuis qu'il a succédé à Claude Bébéar, Henri de Castries s'est entouré de nobles jusqu'au sommet de son état-major : Gérard de la Martinière (Machet de la Martinière) est au directoire, Cyrille de Montgolfier est *chief executive officer* pour l'Europe centrale et de l'est, Amaury de Warenghien de Flory occupe le poste stratégique de directeur financier... Si tous n'émargent pas à l'ANF, tous en revanche sont énarques. L'organigramme du groupe intègre des patronymes tels que Peretti, Châteauvieux, etc.

Quant aux soldats du rang chez Axa France, ils savent au besoin profiter de leur particule pour décrocher un job car l'enseigne d'assurance est l'une des multinationales où cela fonctionne bien : « *La présentation et l'éducation jouent,* explique Blanche de Kersaint, la patronne du *Bottin Mondain. J'ai moi-même envoyé des CV d'amis aristos au parcours professionnel moyen chez Axa, j'ai su qu'ils s'étaient fait embaucher. Je connais des patrons qui consultent le* Bottin *avant de recevoir un candidat.* » Si le CV anonyme était généralisé, cela n'arrangerait pas les affaires de nos actifs à particule. Car le cas Axa est en réalité assez répandu. Chez Total, Christophe de Margerie dirige son empire avec Jacques Jacobé de Naurois (relations institutionnelles), Jean de l'Estang du Rusquec (conseiller à la présidence), Patrick de La Chevardière (finances) ou Éric de Menten (Plan). Chez BNP Paribas, outre les Villeroy, Larosière et Chodron de Courcel, Michel Pébereau a accéléré les carrières de Ludovic de Montille (Ludovic Bizouard de Montille), autre inspecteur des finances, époux d'une Clermont-Tonnerre (Nathalie), devenu responsable de la banque pour le marché anglais, et de Jacques d'Estais (Jacques Tenaille d'Estais), nommé en 2009 responsable du pôle Asset Managemet & Services du groupe. Les exemples sont innombrables et il est vain de vouloir en dresser une liste exhaustive. Rappelons simplement que le « rabatteur à particules »[1] d'Acces International Advisors, la société créée par Thierry de La Villehuchet, était un certain Michel de Yougoslavie, et son dernier associé en date un La Tour du Pin, autre grande famille dont tous les descendants – mâles – sont les bienvenus au Jockey.

Ce phénomène de cooptation, notamment dans la finance française, n'est pas une nouveauté, même s'il est devenu bien plus subtil et discret aujourd'hui. La banque Rivaud, un établissement très haut de gamme qui tenait le pavé sur Paris pendant des lustres, fut longtemps une caricature de repaire d'aristocrates. Rue Notre-Dame-des-Victoires, dans son mystérieux siège historique, les bureaux de comtes et barons se succédaient les uns aux autres car on ne pouvait provenir que d'une grande famille pour travailler chez « Rivaud », créé par Olivier

1. L'expression provient de l'ouvrage de Romain Gubert et Emmanuel Saint-Martin sur les coulisses de l'affaire Madoff : *Et surtout, n'en parlez à personne...*, Albin Michel, 2009.

de Rivaud de la Raffinière : Jean Bonnin de la Bonninière (dit Jean de Beaumont), Édouard de Ribes, Bertrand Liffort de Buffévent, Ludovic Bizouard de Montille, etc. Au mur du principal salon où les aristos de Rivaud recevaient leurs clients, un tableau du XVIIIe siècle intitulé « Le maître et les esclaves »[1] ! Depuis, Rivaud a été conquis par un roturier : Vincent Bolloré. L'homme d'affaires breton, issu d'un milieu modeste mais catholique, a pourtant ressenti le besoin de conserver le comte de Ribes dans son groupe, comme « conseiller présidentiel ». Le puissant Vincent Bolloré, comme d'ailleurs Michel Pébereau ou Nicolas de Tavernost (M6), s'est progressivement entouré d'aristos.

Au besoin, recruter parmi sa propre famille est un moyen encore plus sûr de faire le choix d'un collaborateur de haut niveau. Hubert de Pelet, longtemps président de Finaref, grand chasseur devant l'Éternel au maintien très aristocratique, n'a-t-il pas fait du frère de son beau-frère Guiral de Raffin un directeur général et un successeur ? La famille Rothschild comptant plusieurs dizaines de porteurs du nom a érigé ce système de recrutement familial en règle assumée. Un système qui peut avoir ses effets pervers, comme le découvrent, effarés, les centaines d'héritiers de la famille Wendel dont les dirigeants se sont lancés en 2009 dans un règlement de comptes fratricide mettant en cause le chef de famille, le baron Ernest-Antoine Seillière.

Les activités et les lieux fétiches des aristos deviennent par essence des occasions privilégiées de nouer des *deals*. Prenons la chasse. Il y a des années, le président de la République Valéry Giscard d'Estaing réglait les derniers détails de l'avenir de la

1. *Libération*, 4 août 1997.

société Schneider avec Pierre de Cossé, douzième duc de Brissac, en pleine battue. Comme expliqué auparavant, Brissac père fait partie de cette première génération d'aristos partie à la conquête des grandes écoles. Il a réussi Polytechnique, et VGE a pensé à lui pour prendre la tête de ce qui était, à l'époque, l'une des plus grandes entreprises du monde. Sans doute est-il utile de rappeler que Brissac père est un cousin de VGE, ce qui rend d'autant plus savoureuse l'impossibilité d'intégrer celui-ci au Cercle du Jockey Club et à l'ANF !

Les temps n'ont guère changé. Le destin du journal de l'élite française, *Le Figaro*, un puissant repaire d'aristocrates[1], ne se règle pas en conseil d'administration, mais entre initiés dans leurs lieux de prédilections. « *Les trois dernières ventes du groupe Le Figaro se sont faites à la chasse* » révèle un connaisseur qui a assisté aux battues... et aux discussions. La même histoire se répètera pour tout ce qui peut posséder un parfum d'exception. Prenons l'exemple de la marque de champagne la plus élitiste au monde, Salon. Vendu entre trois cent cinquante et six cents euros la bouteille les années où les stratèges de la maison Laurent-Perrier décident que leurs raisins seront assez nobles pour produire une cuvée. Un beau jour d'automne, dans les années deux mille, Bernard de Nonancourt part chasser en Picardie, sa passion. Le fondateur des champagnes Laurent-Perrier est issu d'une ancienne noblesse champenoise et fréquentait assidûment le Jockey Club autrefois. Un de ses invités ce jour-là n'est autre qu'Albert Frère, le puissant magnat belge, anobli par son roi, authentique fanatique de grands vins (il est copropriétaire de Cheval Blanc et en boit beaucoup), qui ne pos-

1. Lire chapitre 5.

sède que quelques millésimes de Salon dans sa cave car il en existe très peu. Un dirigeant des champagnes fait partie de l'équipée et remarque que les deux aristos multiplient les apartés. Le lendemain, il reçoit un coup de fil de la maison mère : « *Il convient de changer le distributeur de Salon en Belgique* » se voit-il ordonner. Et de confier la tâche à une société de la galaxie Frère. Le cadre n'obtempère pas assez vite, tant et si bien que c'est Bernard de Nonancourt lui-même qui décroche son téléphone afin d'assurer à son ami d'emporter le contrat. La chasse, au tir, à courre, à équipage, reste un des domaines où nos aristos sont chez eux, comme le patrimoine, le golf, le polo, les courses équestres, les grands vins (nous allons le voir), la banque et la finance, etc. Sans oublier les ventes aux enchères.

Au printemps 2008, la multinationale de ventes Christie's a dû réserver et aménager le Grand Palais, à Paris, pour ce qui allait devenir la « vente du siècle » : la dispersion de la collection Pierre Bergé-Yves Saint-Laurent. Au marteau, François de Ricqlès, vice-président de Christie's France, un homme distingué, élégant, évidemment très cultivé, issu d'une lignée anoblie par Louis-Philippe, mais qui – une fois n'est pas coutume – préfère sous-estimer son appartenance au milieu aristocrate. « *Je viens d'une famille très libérale sur tous les plans, plutôt de gauche, où Dieu n'existe pas* » affirme-t-il[1]. François de Ricqlès est pourtant né à Neuilly, comme un nombre incalculable de nos aristos, est membre du Polo et de l'Interalliée, a fait ses premières armes dans l'étude Couturier-Nicolaÿ, porte à laquelle tous les nobles de France sont venus frapper quand ils devaient se résoudre à disperser une partie de leurs biens. Selon le vice-président de

1. Entretien avec l'un des auteurs.

Christie's, la prépondérance aristocrate sur le marché mondial des enchères a été largement remise en cause. Il est vrai que les acheteurs à particule ne peuvent plus rivaliser aujourd'hui avec les fortunes américaines, russes, arabes, et même avec les *tycoons* européens des affaires. Quant aux dernières grandes dispersions « aristocratiques », elles se font de plus en plus rares depuis la grande vente de l'Hôtel Murat dans les années soixante jusqu'à la collection du comte de Paris en passant par les objets personnels du comte et de la comtesse Édouard Decazes.

Côté vente, en revanche, le monopole aristocratique reste entier. Un simple coup d'œil à l'organigramme – au directoire ou au conseil – de Christie's suffit à le démontrer. Outre François de Ricqlès, il faut compter avec les noms que voici : Emmanuel de Chaunac-Lanzac (directeur général), Florence de Botton (spécialiste de l'art contemporain), la baronne Isabelle de Courcel (épouse de l'énarque Jean de Chodron de Courcel), Éric de Rothschild (banquier chez Rothschild), Christiane de Nicolaÿ-Mazery (spécialiste de l'aristocratie, ancienne associée de son célèbre cousin Raymond de Nicolaÿ), et aussi Hugues de Pechpeyrou Comminges de Guitaut qui présente la rare caractéristique d'être à la fois comte et marquis[1] ! La liste est très longue : les équipes et la direction comptent aussi des Fougerolle, des Maintenant, Des Cenival, une autre Nicolaÿ, Monicault, Bourbon-Siciles, Gunzburg, Guitaut, Noailles, etc. Pourquoi pousser à ce point « l'entre soi » ? Parce que le marché des enchères est devenu international et très concurrentiel. Pour décrocher les meilleures ventes, il faut être informé très en amont, donc appartenir soi-même à la haute société euro-

1. Comte Hugues de Pechpeyrou Comminges de Guitaut et marquis d'Époisse.

péenne, grande bourgeoisie ou aristocratie. « *La sociabilité mondaine est un aspect essentiel pour qui fait commerce de patrimoines. Pour être au bon moment là où il faut, quand se préparent les décisions, rien de mieux que de faire partie du milieu social et d'être naturellement associé aux projets des familles* » expliquent Michel Pinçon et Monique Pinçon-Charlot [1]. Connaître l'histoire de France, être sensible aux chefs-d'œuvre, être un familier des princes ou des grandes familles, savoir s'exprimer, se tenir d'une certaine manière, bref, être initié à ces codes qui ne s'apprennent dans aucune école, sont des incontournables du métier. « *Les gens du monde possèdent, c'est vrai, une certaine habitude de la vie sociale qui leur donne des relations, des connexions utiles* » admet François de Ricqlès [2]. Christie's entretient d'ailleurs dans tous les pays d'Europe un étonnant réseau de princes, de barons, d'aristocrates en tout genre, de « rabatteurs à particules » ou d'informateurs couronnés qui forment la base de son business, comme Her Grace The Duchess of Marlborough – les intitulés sont scrupuleusement respectés –, S.D. Dr Johann Georg Prinz von Hohenzollern, H.R.H. Prince Pavlos of Greece, etc. Le grand concurrent de Christie's sur le continent est bien entendu Sotheby's, une maison qui fonctionne à l'identique. Son atout maître ? Un président qui n'est autre que Philipp de Wurtemberg, héritier d'une très grande noblesse germanique, qui cousine avec la moitié des têtes couronnées d'Europe de l'Ouest. Effectivement, ça peut servir.

Y a-t-il réellement des liens privilégiés entre aristos dans le business ? « *Comme dans tous les milieux, une solidarité existe,* analyse Stanislas de Bentzmann. *En l'occurrence, nos noms de*

1. *Les ghettos du Gotha, op. cit.*
2. Entretien avec l'un des auteurs.

famille que nous connaissons si bien peuvent servir de porte d'entrée pour faire des affaires. Mais attention, le réseau aristocrate est un réseau light. *Tout se fait subtilement. Et n'oublions pas que le travail a longtemps été tabou dans le milieu. Théoriquement, on ne parle pas business au Jockey!* » Le patron de Devoteam admet privilégier certains de ses fournisseurs dont le nom lui est connu, comme tous les aristocrates le font, parfois sans s'en rendre compte. « *Notre éducation et notre capacité à tisser du lien social nous font entrer en contact plus facilement les uns avec les autres. Nous nous cooptons beaucoup, mais sans devenir consanguins* » poursuit le jeune patron. Stanislas de Bentzmann présente la caractéristique d'être à la fois membre du Jockey et du Tir aux pigeons, et porte un titre de vicomte qui le fait systématiquement reconnaître de ses pairs. « *Nous savons toujours qui est qui, c'est une question de connaissance de la généalogie des familles que la plupart des nôtres possèdent* » insiste Jeanne-Françoise de Polignac. Dans le milieu, le terme « bottiner » s'applique à la consultation quotidienne du *Bottin Mondain* avant certains rendez-vous de la journée. Se rencontrer, se parler, faire affaire, est plus facile quand on appartient à la géographie patronymique du gotha aristo. Un simple coup d'œil à la liste des « annonceurs » du *Courrier du Jockey Club*, la publication du vénérable cercle, est éloquent. Citons les marques Sotheby's, Baccarat, Moët & Chandon, Ruinart, Parker, Chaumet, Cognac Camus, Hermès, Laurent-Perrier, Hennessy, toutes annexées à des grandes familles.

Haine de l'argent ?

Yves-Thibault de Silguy, actuel président du groupe Vinci, adore raconter l'histoire de sa famille. D'un geste énergique, sa grande silhouette brandit le poing pour montrer sa chevalière, gravée de deux lévriers. « *Car à l'un de mes ancêtres, lors de la Guerre de Trente ans, l'on fit au soir d'une bataille ce qui était alors un compliment : "Tu te bas comme un chien !"* » raconte-t-il[1]. Yves-Thibault de Silguy, un autre aristo assumé : il intervient régulièrement aux conférences de l'ANF, est membre de plusieurs cercles – le Polo, l'Interalliée, le Siècle, mais pas le Jockey, qu'il juge « un peu vieillot » –, il chasse, etc.

Mais quand on commence à évoquer les excès financiers, à Vinci comme ailleurs, son sourire se crispe. Le Breton, qui a été longtemps un commissaire européen à l'économie et aux finances écouté, fait partie de ceux qui ont lancé la monnaie unique. Dans la sphère privée, il a l'expérience des abus, de la corruption : « *Un jour, Suez a vu une de ses dettes exploser en Argentine en raison de problème de changes monétaires. Les Argentins ont refusé de renégocier cette dette, comme cela peut se faire. Par contre, on m'a fait comprendre que la situation s'arrangerait si l'on versait des dessous de tables. J'ai dit à Gérard Mestrallet* [patron de Suez] *: "On arrête tout !"* »

Comme l'exige la tradition dans le milieu, Silguy explique avoir une sainte horreur de l'argent. L'inverse, au moins sur le papier, de ce qu'a montré l'ancien patron de Vinci, Antoine Zacharias, en exigeant une somme faramineuse – quelque vingt et un millions d'euros ! – pour quitter le groupe. Silguy attribue sa nomination à son profil : « *Avec quelqu'un comme moi au*

1. Entretien avec l'un des auteurs.

poste de président, les administrateurs se sont sans doute dit qu'ils n'auraient pas ce genre de problème. » Les aristos et l'argent ! L'histoire d'une grande méfiance commune. « *Nous assumons en gagner et désirons moins que tout vivre en malheureux,* analyse Stanislas de Bentzmann, *mais nous refusons son côté ostentatoire, nous refusons l'argent coulant à flot et qui agresse le regard. Si je suis prêt à payer très cher la meilleure université pour mes enfants, je refuse de dépenser la même somme pour une voiture clinquante.* »

Bien entendu, il ne faut pas être naïf. La moralité des aristos des affaires n'a aucune raison *a priori* d'être plus élevée que celle de patrons à la naissance moins prestigieuse. Certains aiment l'argent, d'autres non. Les héritiers des grandes familles font extrêmement attention à leur réputation en la matière car, s'ils forment un réseau, tout se sait très vite et les « aristos » sont effectivement réputés mépriser l'argent et le bling-bling.

Henri de Castries, leur héraut actuel dans le monde des affaires, s'est vu gratifier d'excellents émoluments par son mentor Claude Bébéar, ne serait-ce que parce qu'Axa, dont la culture d'entreprise est devenu anglo-américaine, paie au maximum les meilleurs. Et pourtant, le président du directoire d'Axa fut en 2007 le premier grand patron a renoncer à ses *stock-options* sur l'année, avant même le déclenchement de la crise et la longue polémique sur ces rémunérations parallèles exceptionnelles. « *L'exemplarité est une des nombreuses valeurs spécifiques que nous défendons dans nos métiers de patron* » traduit simplement Jean-Dominique Sénard, cogérant du groupe Michelin [1]. Chaleureux, courtois, une belle carrière dans l'industrie, Jean-

1. Entretien avec l'un des auteurs.

Dominique Sénard, comte « romain », fait partie de ces grands patrons qui ont réfléchi à leur qualité de noble et leur rôle dans l'entreprise. Pour lui, le geste de son ami et parent Castries – il a épousé une cousine germaine du patron d'Axa – est une mesure de bon sens en période de crise. Il est presque heureux que sa rémunération variable de cogérant ait baissé de 26 % en 2008 [1]. Et estime que les dirigeants ayant reçu l'éducation d'une famille inscrite dans le temps bénéficient d'une retenue naturelle face à l'argent : « *C'est une de nos chances, pour nous tout est dicté par la mesure, la réserve, la modération. Les excès de certains patrons en matière de rémunération me choquent, certains commettent des fautes épouvantables, ils donnent une image désastreuse du monde de l'entreprise.* »

Pour Yves-Thibault de Silguy et Jean-Dominique Sénard, la responsabilité sociale du grand patron aristo transcende les questions d'argent. Le cogérant de Michelin a été marqué par une aventure survenue à son père diplomate. Ambassadeur, il a été victime d'une prise d'otages en 1974 à La Haye. Après avoir été séquestré pendant cinq jours par un commando japonais avec tout son personnel, il a refusé, au péril de sa vie, de sortir de l'ambassade de France les bras levés devant les fusils, « *tout simplement parce que la dignité d'un ambassadeur de France ne lui permet pas de se comporter ainsi.* » Il existe des notions d'éthique, des valeurs importantes aux yeux de ces grands patrons qui se font les interprètes de leurs pairs. Pour Silguy, « *la fidélité, l'intégrité, le respect de la parole donnée* » sont fondamentaux. Il se souvient d'un certain Dominique Strauss-Khan, ministre de

1. Une partie des revenus des dirigeants est indexée sur les performances de l'entreprise qui les emploie.

l'Économie, convaincu de n'avoir pas respecté un *deal* à l'époque où la Commission et Paris organisaient la représentation extérieure de la monnaie unique. Depuis, Silguy ne pourra, dit-il, plus jamais faire confiance au patron du FMI. Pour Sénard, comptent plus que tout « *le sens de l'équité, le service des autres, le devoir* » vis-à-vis de ses salariés ou administrés. L'ancien patron de Péchiney jure qu'il ne s'agit pas d'une posture. Il affirme avoir mis cinq fois dans la balance sa démission pour éviter que les nouveaux maîtres américains du géant de l'aluminium français ne massacrent les effectifs des usines de l'hexagone.

Le quotidien du *top management* n'échappe pas à cette recension des valeurs. « *La courtoisie en toute circonstance, quitte à exploser seul dans son bureau ensuite* » s'amuse le cogérant de Michelin. « *Le panache, oui, le panache chevaleresque* » affirme très sérieusement Yves-Thibault de Silguy, en pensant au mécénat patrimonial opéré par nombre de grands groupes (Vinci a payé une somme faramineuse pour rénover entièrement la Galerie des Glaces du Château de Versailles). Voici peu de temps, une autre figure du tissu entrepreneurial français, Sophie de Menthon, cofondatrice du mouvement Éthic, écrivit un livre intitulé *Business oblige*. Nous y sommes [1].

Une façon d'honorer ses origines car, on l'a bien compris, posséder une particule, voire un titre, reste un avantage considérable. « *Cela ne fait pas de vous un grand patron, mais c'est un petit plus qui peut faire toute la différence* » admet Yves-Thibault de Silguy. L'ancien commissaire européen à l'économie se souvient que toutes les ambassades bruxelloises lui écrivaient sous son titre de comte et que le milieu le surnommait « le comte

1. *Le savoir-vivre en entreprise : Business oblige*, Sophie de Menthon, Eyrolles, 2007.

commissaire ». Quand il s'est agi d'expliquer l'instauration de la monnaie unique, l'euro, sur le continent, aux Britanniques, « *la presse anglaise ne m'a pas massacré car j'étais noble, une réalité sociale importante à leurs yeux !* »

Pour Marc Ladreit de Lacharrière, lui aussi, les questions d'éthique ne relèvent pas du vernis social d'un grand patron à la mode. Le PDG de Fimalac est, avec le baron Seillière, l'autre grand dirigeant dont on sait qu'il est issu d'une grande famille de la noblesse. Si le baron reçoit peu en dehors de son milieu et de sa vaste famille, Marc de Lacharrière a fait de la chaleur, de la courtoisie et de la bonhomie sa marque de fabrique en ville. Il donne volontiers rendez-vous dans son étonnant bureau de la rue de Lille : une porte de coffre-fort à la Picsou donne accès à un vaste espace mélangeant décoration de pierre et de métal, réunissant art primitif africain et livres anciens. Pourtant, l'homme est un des plus occupés de France. Sa fortune, il l'a, lui aussi, réalisée dans l'expertise financière avec Fimalac (Financière Marc de Lacharrière), tout en cumulant des dizaines de présidences, de vice-présidences, de postes d'administrateur. Le dernier en date est l'un des plus prestigieux du pays puisque les actionnaires du constructeur Renault lui ont demandé d'entrer au conseil de surveillance de l'empire au losange. Il est surtout un expert en art (membre de l'Académie des Beaux-arts) et mécène bien connu. « *Ma réussite professionnelle me donne une grande liberté d'action* » explique-t-il[1]. L'esthète ne s'est pas contenté de promouvoir l'art français, la littérature, le développement des musées. Il s'est aussi lancé dans le mécénat social, et ce n'est pas un faire-valoir. Dès le début des années quatre-

1. Entretien avec l'un des auteurs.

vingt-dix, il fait partie de l'équipe de dirigeants qui lance la Fondation Agir contre l'exclusion, Face (avec Claude Bébéar et Louis Schweitzer). Dix ans plus tard, il lance sa propre structure, Culture et Diversité, dont la vocation est d'offrir un enseignement culturel aux élèves défavorisés des Zep. Cinq mille d'entre eux ont pu bénéficier à ce jour de cours de théâtre ou de photo, de visites de musées, et même de projets accompagnés de spectacles. Le financier a chargé sa propre fille Éléonore de diriger la Fondation, ce qu'elle fait avec brio. C'est sa manière à lui de rendre hommage à son milieu d'origine, en redonnant un peu à ceux qui n'ont pas eu la chance de recevoir un capital social en matière de culture, mais aussi d'engagement, de persévérance, de courage : « *Dans ma vie de créateur d'entreprise j'ai pris des risques, j'ai fait des paris audacieux. Ce goût de l'audace vient de l'éducation que j'ai reçue, de l'héritage moral qui m'a été légué.* » Et l'esthète manager financier de citer Shakespeare : « *Nos doutes sont des traites qui nous font souvent perdre quand nous pourrions gagner par crainte d'essayer.* »

Marc Ladreit de Lacharrière est un cas à part. Proche de la gauche dans un milieu où cela ne se fait pas, il milite pour un capitalisme de solidarité. « *Il y a beaucoup de chemin à faire car les deux mots ne sont pas faciles à associer* » dit-il. Il milite pour que « *ceux qui réussissent matériellement redonnent à la société une partie de leurs richesses en gratitude au pays qui leur a permis de réussir* » Encore une fois, les grands patrons sans particule aussi peuvent tenir de tels raisonnements. Ainsi, Claude Bébéar, immense patron d'extraction modeste, est-il aux côtés de Gonzague de Blignières, l'aristo de Barclays, investi dans Business angel des cités (Bac), une société de financement de projets issus des banlieues créée à Mantes-la-Jolie par Aziz Senni, un jeune d'origine marocaine. « *Notre chance et notre force,* conclut Jean-Dominique Sénard, *c'est de disposer grâce à notre milieu d'origine de valeurs qui, aujourd'hui diffusées, vont trouver un écho favorable car c'est ce que les gens veulent entendre. Cela fonctionne d'autant mieux dans une époque de crise des valeurs, de questionnements éthiques* » « Business oblige », la version business de l'expression « Noblesse oblige », fonctionnera effectivement mieux au début du XXIe siècle qu'à la fin du XXe siècle.

Buvez-en tous

Pour Jean-Charles de Yturbe, le vin est une affaire aussi sérieuse que l'histoire de sa famille, qui, du côté de sa mère, prend ses racines dans une Alsace sans duché, donc sans duc, avec simplement un « comte d'Alsace », dont il descend. Le vice-président d'Havas dispose d'une magnifique cave dans son château d'Anet, en Eure-et-Loir, où il entrepose quelque trois mille cinq cents à cinq mille bouteilles pour la consommation personnelle de sa famille et de ses amis. C'est un peu plus qu'une cave d'un très grand triple étoilé Michelin : uniquement des grands crus classés. Jean-Charles de Yturbe, fin gourmet – « *Cela se voit à mon tour de taille !* » –, achète depuis quarante ans « en primeur » (avant mise en bouteille) avec une prédilection pour les structurés saint-estèphe et les délicats pauillac. lafite, latour, montrose, gruaud-larose, clos-d'estournel, brane-cantenac, malartic-lagravière, pape-clément.

Pour ne pas tenter les forceurs de belles caves, il s'est mis d'accord avec son ami Éric de Rothschild. Pas David de

Rothschild, le banquier, son ami du Jockey déjà croisé. Non, Éric de Rothschild, le plus dandy de la famille avec ses boucles argentées et son éternel costume en velours élimé rouge passé. Yturbe achète du lafite tous les ans, mais ses bouteilles restent dans la cave qui les a vues naître. « *Je lui garde ses bouteilles,* confirme le baron, *quand Jean-Charles a besoin de boire un petit coup, il m'appelle et on lui fait parvenir.* »[1] Le baron et le descendant des comtes d'Alsace se font confiance sur l'immense sujet des grands crus. Pour tout aristocrate français, le vin que l'on sert à sa table, ou même dont l'on discute, est une institution au moins aussi importante que le blason ou les armes de sa chevalière. Pour l'historien Éric Mension-Rigau, les aristocrates sont de grands amateurs et de gros consommateurs des meilleures bouteilles depuis que les grands crus existent « *par la copie des mœurs de l'aristocratie anglaise* »[2]. Pendant des siècles, celle-ci s'est réservée les meilleures cuvées du terroir français. La reine et sa famille préemptent d'ailleurs chaque année une proportion non négligeable de la production d'un des champagnes français les plus racés, Bollinger, « fournisseur officiel de la cour ». Une attention appréciée par un homme fort dans le champagne, Ghislain de Montgolfier, longtemps patron de la marque, issu de cette famille anoblie juste avant la Révolution.

Aujourd'hui plus que jamais, la dynamique aristocratie anglaise se distingue par ce qu'elle boit. Comme la famille royale : la reine d'Angleterre n'a-t-elle pas fait servir à Nicolas Sarkozy – qui ne boit jamais de vin – un exceptionnel château-mouton-rothschild 1961, une des bouteilles les plus prestigieuses

1. Entretien avec l'un des auteurs.
2. *Aristocrates et grands bourgeois, op. cit.*

et rares du monde ? Une précision : lors de cette réception, au printemps 2008, deux cents convives étaient conviés à déguster ce vin à Buckingham Palace !

En France, où le terroir naturel est l'un des meilleurs de la planète, les manifestations les plus prestigieuses rassemblent nombre d'héritiers de la noblesse autour de la célébration des grands vins. Une des fêtes très courues est le dîner inaugural de Vinexpo, le « Mondial » du vin, où « cravate noire » (smoking ou jaquette) et robe de soirée sont exigées. Tous les deux ans, c'est un des six « Premiers crus classés » en 1855 qui reçoit [1]. En 2007, Philippine de Rothschild officiait à Mouton. En 2009, c'était à nouveau le tour de son cousin Éric, qui offrit *in extremis* Lafite après la défection de Latour, propriété de l'homme d'affaires François Pinault, dont c'était le tour : « *Un conseil de la famille Pinault a jugé nécessaire d'annuler la manifestation après les licenciements du printemps chez PPR et la séquestration du fils Pinault dans un taxi. Ils ne voulaient pas prendre le risque d'avoir la CGT à la soirée* » révèle un initié. En 2007 comme en 2009, les Rothschild ont tenu leur rang. Philippine a fait servir son mouton dans le millésime 1961, comme la reine d'Angleterre. Éric a « liquidé » son stock de lafite 1978 dans de très rares et élégants jéroboams, bouteilles impressionnantes contenant six litres du précieux breuvage, soit l'équivalent de huit bouteilles. Ce que l'histoire officielle ne dit pas, c'est que Mouton et Lafite ont dû racheter sur les marchés internationaux certaines de leurs propres bouteilles afin de pouvoir servir autant de convives. Toujours cette volonté de rester une référence définitive en

1. Lafite-rothschild, mouton-rothschild, latour, margaux, plus haut-brion et yquem « premier cru exceptionnel » de Sauternes.

matière de grands vins devant la poussée de *tycoons* aux moyens démesurés. Les Rothschild se sont ainsi jurés de ne jamais se laisser dépasser par Bernard Arnault, un businessman avisé dont le seul défaut est de ne goûter que très modérément les immenses vins dans lesquels il a investi des fortunes (Yquem, Cheval Blanc, Moët & Chandon...). Mais qui pour son groupe – LVMH – sont des marques de luxe puissantes.

Dans ces soirées « 1855 », la liste des invités contient toujours son lot de grands noms : Julien et Jean-Pierre de Beaumarchais, Christine Lurton de Caix, Xavier de Pontac, S.A.R. le Prince Robert de Luxembourg, le baron de Rocquemaurel, Bernard de Laage de Meux, une dizaine de barons et de baronnes côté Rothschild, des étrangers comme le marquis Piero Antinori, un prince héritier de la couronne du Danemark, etc. Et c'est logique, car un nombre incalculable d'aristocrates aux racines terriennes sont toujours producteurs de grands ou de beaux vins. Outre les Rothschild en Médoc, les Lur-Saluces sont propriétaires en Sauternes – autrefois Yquem, aujourd'hui un cru plus modeste depuis que Bernard Arnaud le leur a arraché –, les Rohan-Chabot en Provence, les Vogüé en Bourgogne... Le plus rare et le plus célèbre des vins du monde, le romanée-conti, appartient à la famille de Villaine, noblesse d'origine normande. Le célèbre Aubert de Villaine, la « conscience » de cet immense vin, a d'ailleurs transmis récemment le commandement du domaine de Romanée-Conti à un de ses descendants. Comme vient de le faire la baronne Philippine au bénéfice de son fils Philippe.

Dans le vin, et surtout les grands vins, une grande « solidarité » lie les hommes d'affaires. Bernard de Nonancourt, le patriarche de Laurent-Perrier, encore lui, est chargé depuis 1989 de distribuer sur la France entière le château-lamarque, un célèbre médoc. La raison n'est autre qu'une solidarité d'armes entre Nonancourt, l'ancien de la Deuxième division blindée du Général Leclerc, et son ami le comte Gromand-d'Évry, famille toujours propriétaire du cru avec Pierre-Gilles et son épouse Marie-Hélène. Aujourd'hui encore, la devise des Gromand-d'Évry est : « *Mon fer vainc, mon vin convainc* » ! [1]

Le vin reste un signe distinctif fort pour les aristocrates du XXIe siècle et tout businessman qui se respecte doit savoir de quoi il parle et raconter ce qu'il boit. Thibault Defrance de Tersant, directeur général de Dassault Systèmes, prend bien soin, sur sa notice du *Who's Who*, de préciser qu'il « *s'intéresse aux vins de margaux et de saint-estèphe* ». Yves-Thibault de Silguy est un ultraclassique avec ses pauillac, ses listrac, et « un peu » de saint-estèphe pour les rouges, des chablis, reuilly, puligny-montrachet pour les blancs. « *Tous mes enfants, et même ma fille, sont dans un club d'œnologie !* » s'emballe-t-il. Dans une brochure interne de l'ANF, Gilles de la Bassetière, PDG des champagnes de Venoge, membre de l'association, n'hésite pas à écrire : « *Nous sommes heureux d'offrir aux membres de l'ANF une réduction de 20 % sur toute la gamme des champagnes de Venoge* ». Tout en laissant son numéro de téléphone direct ! [2] La fameuse discrétion des aristos ne s'arrêterait-elle pas là où commencent les affaires ?

---

1. Le comte de Fumel, royaliste et partisan des Bourbon, refusa de présenter des échantillons de son grand vin au classement de 1855 décidé par l'Empereur Napoléon III. C'est pourquoi lamarque ne fait pas parmi du célèbre classement des grands médocs.
2. Bulletin interne de l'ANF, n° 275 Supplément Congrès Cilane 2008, page 19.

IV

« AVEC L'AIDE DE DIEU »

Pourquoi il faut aligner huit quartiers de noblesse et trois cents ans d'aristocratie – minimum ! – pour aspirer au titre de « chevalier d'honneur et de dévotion » de Malte. Quand l'ancien directeur financier d'Axa s'éclate à l'économat du diocèse de Paris. Comment le comte de L., né un 14 juillet, a été déclaré à la date du 13 en mairie. Des vicomtes élargissent le spectre à droite. Où l'on découvre que le Très Respectable Frère le comte de Paris planche au « Lys de France ».

Chaque samedi matin le plus proche de la Saint-Jean, à la fin du mois de juin, la même cérémonie, étrange au premier regard, débute dans la magnifique salle des Croisades du Château de Versailles. Une fois l'an, dans ce lieu prestigieux réservé pour l'occasion, ils sont jusqu'à une vingtaine à attendre fébrilement de recevoir les attributs qui feront d'eux des chevaliers de l'ordre de Malte, une puissante organisation catholique et caritative vieille de neuf cents ans. La tension, la concentration est palpable. L'assemblée a déclamé le *Veni Creator Spiritus* – à genoux et en latin –, le chant grégorien autrefois réservé aux couronnements des rois. Voilà maintenant leur tour venu. Chacun, encadré par ses deux parrains, va prononcer la formule rituelle : « *Je m'engage, avec l'aide de Dieu et la protection de Saint-Jean, à tendre vers la perfection de la vie chrétienne conformément aux devoirs de mon état et selon l'esprit et les traditions de l'ordre, tout en consacrant, chaque fois que je le pourrai, mon activité à son service, ainsi qu'à ses associations et à ses œuvres hospitalières humanitaires et sociales.* » L'officiant leur remettra la croix de Malte, une belle breloque à huit pointes blanches, ainsi que la « coule » traditionnelle des membres de l'ordre – une djellaba noire frappée de la croix octogonale. Ce moment solennel clôt une longue période d'initiation – entre deux et six années – dans les dispensaires ou les chantiers de cet ordre catholique si puissant qu'il possède un statut international d'État sans territoire. Malte est en effet une rareté : une personnalité juridique de droit international avec seulement quelques centaines de mètres carrés de territoire au Vatican et dans son île d'origine.

En juin 2009, la cérémonie s'est déroulée comme d'habitude, avec la même émotion intense. Elle a été, comme c'est la tradition, suivie d'une messe dans la Chapelle royale. Puis d'une réception en présence d'autorités françaises et religieuses : Roselyne Bachelot, ministre de la Santé, Benoît Chomel de Jarnieu, numéro deux de la Marine, Jean-Pierre Kelche, grand chancelier de la légion d'honneur, etc. Et, tout aussi traditionnellement, la liste des nouveaux « chevaliers » recoupe celle du *Bottin Mondain* : en 2009, des membres des familles Vasselet de Regné, Faydeau de Saint-Christophe, Tonquédec, Dampierre, Certaines, Lastic, toutes issues de l'Ancien Régime et d'ancestrales lignées de nobles, ont été élevés à cette dignité.

C'est une des particularités de Malte qui en fait une forteresse du réseau aristo : l'ordre a toujours recruté ses membres dans la noblesse, et continue, même si des roturiers peuvent aujourd'hui prétendre à devenir chevalier. « *Nous puisons traditionnellement dans l'aristocratie, et, si l'ordre est maintenant ouvert, 60 % de nos chevaliers français sont issus de la noblesse* » admet bien volontiers le comte Dominique de La Rochefoucauld-Montbel, président de l'Association française des membres de l'Ordre souverain de Malte[1].

Ce conseiller fiscal élégant et chaleureux, économiste spécialisé dans les métaux précieux, est un des rares à émarger au Jockey comme au Tir aux pigeons (il est même secrétaire général de ce Cercle du bois de Boulogne). L'organigramme des représentants de l'ordre en France est, à cet égard, édifiant. Le président des Œuvres hospitalières françaises de l'Ordre de Malte – qui orchestre les programmes caritatifs du mouvement religieux – est Thierry de Beaumont-Beynac, un ancien de la « Cour des comptes de l'Ordre », basée au Vatican. Le vice-président des Œuvres est encore un fils de comte, associé-gérant de banque, membre du Cercle du bois de Boulogne et de L'Auto : Didier de Haut de Sigy. Le secrétaire général s'appelle Alain de Tonquédec, issu de la noblesse bretonne.

L'organigramme français ne fait que reproduire la sociologie nobiliaire du gouvernement de l'ordre, truffé de comtes, marquis et autres chevaliers titrés et bien nés. Depuis 2008, l'actuel grand maître de l'ordre, Matthew Festing, est d'ailleurs un descendant des Stuart, la famille royale anglaise, fils de diplomate, ayant exercé ses talents chez... Sotheby's avant de recevoir le titre de prince (« altesse » pour l'étiquette) et de chef d'État.

Surtout, et c'est un cas unique au monde, les grades hiérarchiques de l'ordre sont décernés sur la base... de l'arbre généalo-

1. Entretien avec l'un des auteurs.

gique. Pour devenir « chevalier d'honneur et de dévotion » et en porter les armes, il faut prouver huit quartiers de noblesse, c'est-à-dire avoir tous ses grands-parents de noblesse certifiée. En l'absence d'un tel pedigree, mais avec plusieurs grands-parents nobles ou un seul parent anobli, l'impétrant devient « chevalier de grâce et de dévotion », ce qui peut signifier une noblesse tardive, d'Empire par exemple. Enfin, si décidément un roturier est admis, le voilà « chevalier de grâce magistrale ». À noter que ces trois grades sont accessibles aux « dames » (aux femmes). Le Jockey Club n'a qu'à bien se tenir !

Mitterrand est passé près

La liste des « chevaliers » de l'Ordre de Malte, notamment en France, pays qui lui a donné la moitié des ses grands maîtres en neuf cents ans d'existence, fait beaucoup fantasmer. De fait, elle est longue et recoupe nombre de nos aristocrates. Il faut distinguer les membres « actifs », chevaliers de l'ordre qui ont fait vœu de consacrer tout ou partie de leur existence aux actions de l'organisation. Parmi ces élus titulaires de plusieurs années d'initiation au terme desquelles ils ont reçu la coule noire et la croix des chevaliers, il faut citer des personnages aux trajectoires aussi variées que le pape Benoît XVI, le financier Marc Ladreit de Lacharrière (Fimalac), le comte châtelain Denis de Kergorlay (La Demeure historique), l'ex-première dame Bernadette Chirac, née Chodron de Courcel, « dame » de Malte, l'héritier de la couronne de France, Louis de Bourbon, l'ancien président de la République et académicien Valéry Giscard d'Estaing, l'écrivain-vigneron Robert de Goulaine, l'ancien ministre et conseiller d'État Xavier Deniau, le grand financier new-yorkais prince Édouard de Lobkowicz...

Des personnages publics ou d'influence, aujourd'hui disparus ont souvent appartenu à l'ordre. Comme François de Grossouvre, l'ancien conseiller spécial de François Mitterrand ; le cardinal et archevêque de Paris Jean-Marie Lustiger ; le prince Guy de Polignac, ancien grand patron (champagnes Pommery, Excelsior-Publications, etc.), qui déroule le même « CV » aristo que tous les chevaliers avec le Jockey, l'ANF, les Cincinnati... plus le titre de « bailli », une haute distinction que l'ordre remet à ses plus éminents serviteurs (correspondant à la dignité de cardinal dans l'Église catholique romaine). Le bailli prince de Polignac fut en effet le prédécesseur de Dominique de La Rochefoucauld-Montbel. C'est lui qui présidait la réunion annuelle de la Saint-Jean, salle des Croisades, pendant des lustres. Lui qui recevait amiraux, cardinaux et autres chevaliers, tous éminemment « bien nés », pour les mener à l'office, puis passer en revue les ambulanciers de l'ordre, dans la cour du château de Versailles. Toutes ces célébrités revendiquent un engagement « chrétien » s'inscrivant dans une tradition millénaire d'assistance, même si, dans le milieu, on moque un rien le cas de Louis de Bourbon : *« Il a porté le costume de bailli grand croix d'honneur et de dévotion à son mariage car, n'étant pas officiellement reconnu de la dignité d'altesse royale, il ne pouvait en porter les armes et n'avait donc rien de mieux à mettre que le costume de l'ordre ! »* dit un initié.

Derrière ces têtes d'affiche, il existe une France nobiliaire, titrée, aux métiers variés, bref, une main invisible de plus dans l'évanescent réseau aristo. Aymeric Villelume, de son vrai nom le comte Charles-Aymeric de Villelume, fils du marquis de Villelume, discret expert en art, en tissus anciens, généalogiste, est chevalier de l'Ordre souverain de Malte, et également membre de l'ANF, du Jockey Club, des Cincinnati de France. Tout comme le marquis Jean-Charles Oncieu de Chaffardon, président d'OAM Finance Group SA, membre de l'Association suisse des gérants de fortune (ASG), chevalier, Jockey, ANF et éminent membre du Conseil international de la chasse. Il fait partie de cette génération d'après-guerre qui a accédé aux métiers d'avenir avec un certain pragmatisme : le baron Michel Boyer de Fonscolombe, aussi bon administrateur financier que bibliophile, a pu revêtir la croix de Malte comme devenir consultant international pour l'Émirat de Bahreïn ! Tous les profils sont imaginables. Gérald de Ghaisne de Bourmont, directeur de sociétés dans le conseil, président de l'Association des Saint-Cyriens dans la vie civile (Ascvic), chevalier, Jockey, ANF également, et aussi membre assumé du Souvenir vendéen, une organisation qui, nous allons le voir, ne porte pas particulièrement dans son cœur le souvenir de la Révolution française. Quant à l'ancien élu de Grasse, Hervé de Fontmichel (Hervé Court de Fontmichel), il est devenu ambassadeur de l'Ordre de Malte auprès de la République de l'Île Maurice[1].

Et puis il y a les membres « décorés », récipiendaires de la grand croix de Malte (équivalente de notre ordre du Mérite), sortes de « compagnons de route » de l'organisation, suffisamment proches d'elle pour qu'elle les distingue. Ou alors des figures dont la famille est traditionnellement proche de l'ordre depuis les temps anciens. Pierre-André de Chalendar, directeur général de Saint-Gobain, relève du premier cas (il est décoré grand croix de Malte). Henri de Castries (Axa) du second. Comme Jean-Dominique Sénard (Michelin), c'est une question de planning : « *Toute personne issue de notre milieu a vocation à*

1. Ou plutôt « redevenu », car il avait déjà occupé cette fonction plusieurs années.

œuvrer dans l'assistance aux autres dans le sens chrétien du terme, en ce qui me concerne je n'ai pas le temps de militer à l'Ordre de Malte mais des membres de ma famille y sont. »[1]

Moins connu est le cas de nos présidents de la République. État sans territoire, l'Ordre de Malte dispose de son propre arsenal de décorations généreusement distribué aux élus du monde entier. Un président de la République française recevant un dignitaire de Malte se voit donc automatiquement remettre le titre de « bailli grand croix d'honneur et de dévotion de l'Ordre souverain de Malte ». Valéry Giscard d'Estaing et Jacques Chirac ont ainsi pu « recevoir la croix » en même temps qu'un dignitaire de Malte à l'Élysée. François Mitterrand avait d'abord accepté de recevoir ce titre, mais la « visite d'État » n'avait finalement pas eu lieu. C'est pourtant sous son « règne » que la France avait formalisé ses relations diplomatiques avec Malte, sous l'aimable influence du chevalier François de Grossouvre. Le premier « représentant officiel auprès de la France » de Malte fut inévitablement un comte, et même un bailli comte, Géraud Michel de Pierredon, ambassadeur professionnel de l'ordre, et fils d'ambassadeur de l'ordre. Fin 2009, l'ordre a contacté l'Élysée pour envisager une visite – et une décoration – à Nicolas Sarkozy qui pour l'heure ne s'y oppose pas.

L'ordre, fort de son quasi-statut d'État souverain, est devenu le mouvement aristocratique et caritatif chrétien le plus puissant du monde. « *Autrefois, les grandes familles aristocratiques avaient les moyens d'assumer elles-mêmes leurs engagement caritatifs, une tradition qui datait de bien avant la Révolution* » raconte Alain de Tonquédec, secrétaire général de l'Association française de

1. Entretien avec l'un des auteurs.

l'Ordre Souverain de Malte[1]. Il cite en exemple la famille de son épouse, une certaine Magon de La Villehuchet. Associé à d'autres familles comme les Blignières, les Magon de La Villehuchet créèrent au début du siècle l'œuvre des Gares, une institution destinée à empêcher les jeunes filles de l'émigration bretonne à Paris d'être orientées vers le trottoir plutôt que vers un travail honorable.

Aujourd'hui, les familles à particule n'ont plus de patrimoine à consacrer aux œuvres. « *Elles se tournent naturellement vers Malte pour s'investir dans une œuvre caritative déjà organisée*, explique Dominique de La Rochefoucauld-Montbel. *Certaines familles nous demandent même de prendre en charge des œuvres déjà existantes et menacées de disparition.* » Ces fondations dirigées par des aristos fonctionnent toutes de la même manière, organisées qu'elles sont pour la gloire de Dieu en vertu d'une forte tradition d'aide aux démunis. Toutes sont encore aujourd'hui dirigées par des héritiers des grandes familles, voire des têtes couronnées. L'Ordre de Saint-Lazare, dédié aux malades de la lèpre, moins connu que Malte mais puissamment implanté en Europe depuis des siècles, compte actuellement, pour sa partie française, un secrétaire général du nom de Renaud de Hauteclocque et des administrateurs comme l'énarque et ancien député Bernard de Froment ou Arnaud de Beauregard. Son ancien grand maître n'est autre que François de Cossé-Brissac, notre duc président du Jockey Club !

L'engagement caritatif au nom de l'Église est un exercice obligatoire pour un groupe social resté très proche de la religion, catholique s'entend. « *Institution de mémoire par définition, la*

1. Entretien avec l'un des auteurs.

religion est l'autre référence fondatrice de la noblesse » explique Éric Mension-Rigau [1]. Certains grands noms ont même intégré des légendes christiques à l'historique de leurs familles. Les Lévis Mirepoix expliquent encore aujourd'hui descendre de l'ancestrale tribu de Levi, et donc être de lointains cousins de... la Vierge Marie. Les Gramont possèdent sur leurs armes (blason) les trois rois mages. Depuis plus d'un millénaire, ces familles louent Dieu, et s'érigent aujourd'hui en derniers défenseurs d'une France « fille aînée de l'Église » et d'une Europe « chrétienne » jusque dans ses racines. « *Nous nous sommes bien moins déchristianisés que l'ensemble des Français* » admet le prince de Polignac, catholique pratiquant, comme la plupart des comtes et autres marquis du pays [2].

Castries et Roux de Bézieux parrains du Collège des Bernardins

Ces familles possèdent de nombreux rejetons dans les ordres. Augustin de Romanet (de Beaune), discret patron de la Caisse des dépôts a... quatre frères et sœurs ainsi que onze cousins engagés en tant que prêtres, moines, religieuses. Des membres de la famille de Bernadette Chirac portent en guise de deuxième ou troisième prénom des noms de papes, Sixte et Pie. L'une de ses tantes porte le nom de Jeanne d'Arc sur son état-civil. Enfin un de ses oncles deviendra prêtre et sa tante Anne-Marie, chanoinesse régulière de Saint-Augustin [3].

L'oncle de Pierre-André de Chalendar, inspecteur des finances et directeur général de Saint-Gobain, est abbé. C'est lui qui est chargé de dire annuellement une messe à la mémoire des

1. *Aristocrates et grands bourgeois, op. cit.*
2. Entretien avec l'un des auteurs.
3. *Journal Chrétien,* 5 septembre 2007.

membres disparus du corps de l'inspection des finances quand un décès survient [1]. Avec ces « lignées » d'inspecteurs que nous avons découvertes (VGE fils d'Edmond, Géraud Brac de la Perrière, fils de Gilles, Pierre-André de Chalendar, fils de Jacques...), ces messes se déroulent en famille, dans un milieu qui mélange élites politiques, économiques et religieuses. Aujourd'hui encore, les réunions de familles aristocratiques sont parfois présidées par un cousin ou un fils ayant cheminé dans l'Église. D'ailleurs les églises fréquentées par ces familles sont souvent les mêmes. À Paris, il s'agit des paroisses Saint-Germain l'Auxerrois – où l'abbé de Chalendar exerce son ministère – ou Saint-Roch (dans le premier arrondissement), Saint-Louis des Invalides ou Sainte-Clotilde (dans le septième), Saint-Philippe du Roule (huitième), Notre-Dame d'Auteuil (seizième), etc.

Contrairement aux autres élites françaises, les aristos du XXIe siècle n'ont aucun mal à revendiquer leur foi. « *Je fréquente l'église de ma paroisse tous les dimanches, il n'y a pas de raison que ça change* » affirme Stanislas de Bentzmann [2]. Jean-Charles de Castelbajac, qui se surnomme volontiers « *mystic loustic* », a dessiné les vêtements liturgiques du pape Jean-Paul II pour les Journées mondiales de la jeunesse (JMJ) à Paris, en 1997. Il avouera avoir « *bouclé une boucle* » avec cette prestation un peu particulière. Patrick de Carolis, PDG de France Télévisions, n'a pas hésité à donner une interview à *Pèlerin Magazine* où il déclare : « *Pour moi, Jésus c'est l'exemple. L'entendre, l'écouter, le voir au travers de l'Évangile me fait avancer. J'ai besoin de cette lumière du Christ sur ma route.* » Henri de Castries, toujours lui, explique

1. *Les intouchables, op. cit.*
2. Entretien avec l'un des auteurs.

clairement en quoi sa religion l'épaule dans son engagement professionnel : « *Les valeurs de ma foi catholique m'aident à l'évidence dans l'organisation parce qu'elles m'invitent à mettre en pratique trois vertus essentielles que sont l'écoute, la confiance et le courage.* »[1] Le président d'Axa trouve le temps de participer à des réflexions sur la mondialisation au cours de nuits d'adoration à l'Église Saint-Séverin, à Paris. Avec Geoffroy Roux de Bézieux, charismatique patron de l'Unedic et de Virgin France, il partage non seulement le goût des armes et de l'armée – Roux de Bézieux a passé ses dernières vacances 2009 en stage de commandos ! –, mais aussi l'engagement auprès de l'Église. Castries et Roux de Bézieux sont tous deux « parrains » du collège des Bernardins, un ancien établissement cistercien appartenant au diocèse de Paris. Stanislas de Bentzmann, patron de Devoteam, ne raterait pour rien au monde la grande fête du 15 août donnée dans le manoir familial en l'honneur de la Vierge et de l'anniversaire de sa mère. Sans surprise, le groupe d'amitiés entre la France et le Saint-Siège au Sénat comporte des personnages comme Yves Pozzo di Borgo, Henri de Raincourt, Josselin de Rohan-Chabot...

L'engagement direct auprès de l'Église reste ancré au cœur de la mentalité aristocrate. Ainsi Bertrand de Feydeau de Saint Christophe, parfait aristo (Saint-Louis de Gonzague, un frère avocat membre du Jockey et Cincinnati, ancien dirigeant chez Axa, membre de l'Ordre de Malte...), a-t-il pris à cinquante-deux ans seulement la direction des affaires économiques de l'archevêché de Paris. Une compétence particulièrement appréciée alors que l'Église de France doit massivement réduire ses coûts et s'engage dans un long programme de cession immo-

1. *Point de vue*, 5 octobre 2005.

bilière. Feydeau de Saint Christophe croise d'ailleurs maintenant au diocèse un autre personnage haut en couleur : Jeanne-Françoise de Polignac. L'ancienne présidente de Standard & Poor's s'est en effet fixé un objectif à la hauteur de son ambition pour occuper ses vieux jours : devenir avocate en droit canon ! Dès les premiers moments de sa retraite, elle a démarré un cursus en cinq longues et fastidieuses années à la Faculté de droit canonique de Paris (Institut catholique). « *Mon objectif, hors l'émulation intellectuelle issue de l'exercice, est de déboucher sur une activité bénévole à plein temps : devenir au service du diocèse un spécialiste du droit canon comme avocate pour, par exemple, m'occuper des procès en nullité de mariage* » explique-t-elle[1]. L'officialité du diocèse reçoit en effet une centaine de dossiers de demande de divorce « religieux » par an. La progression du nombre des divorcés ne concerne pas les seuls couples laïcs. L'époux de Jeanne-Françoise de Polignac, le prince Bernard de Polignac, a également mis ses compétences en matière d'estimation immobilière au service du diocèse, bénévolement.

Ils sont des dizaines de milliers ces Français titrés ou à particule à donner du temps ou de l'argent à l'Église, qui n'en a jamais eu autant besoin. « *Donner du temps pour rendre service fait partie de nos valeurs* » explique Jean-Dominique Sénard. Yves-Thibault de Silguy, qui a fort à faire avec Vinci, admet bien volontiers offrir jusqu'à six mille euros par an de son argent personnel pour participer au financement du denier du culte, des Paralysés de France, des Églises d'Orient, de pèlerinages à Lourdes, etc. « *Là je n'ai pas le temps mais plus tard je me consa-*

1. Entretien avec l'un des auteurs.

crerai à une ONG chrétienne, c'est certain » dit-il[1]. La grande œuvre de Bernadette Chirac, l'opération « pièces jaunes », s'inscrit dans cette tradition de charité vieille de mille ans et dont les fondements sont à rechercher dans l'adoration à Dieu.

Cette réalité n'est pas sans conséquence sur les orientations politiques du monde aristocrate. Si une frange majoritaire, la plus moderne, la plus inscrite dans la République, vit sa religion et ses engagements dans un esprit de tolérance, une autre France à particule, la moins capable d'évolution, puise dans le service de Dieu la justification d'une sensibilité conservatrice, voire réactionnaire.

Extension du domaine de la droite

On n'avait pas vu cela sur la scène politique depuis 1974. Au pays de Louis XVI et de Robespierre, un candidat royaliste a essayé de se présenter à la présidentielle de 2007. Yves-Marie Adeline, ancien universitaire né à Poitiers, catholique pratiquant, père de huit enfants, opposé à l'avortement, passé par les cabinets UDF de Jean Arthuis (conseil général de la Mayenne) et FN de Jean-Marie Le Chevalier (mairie de Toulon), proposait de remplacer le locataire de l'Élysée par un roi tout en conservant une démocratie représentative. Il ne pourra finalement réunir les fameuses « cinq cents signatures » nécessaires à sa candidature. Mais le *leader* royaliste a brièvement fait son petit effet entre ses passages télévisés chez Ruquier, son château en Poitou, son nom – Yves-Marie Adeline Soret de Boisbrunet – qu'il aurait obtenu de faire rallonger par le Conseil d'État...

1. Entretien avec l'un des auteurs.

Yves-Marie Adeline ne joue pas les aristos de campagne par hasard. Le fort engagement catholique et les valeurs conservatrices de nombre de familles issues de la noblesse incitent une partie de celles-ci à pencher vers un monarchisme teinté de nostalgie. Et à ne pas participer à la compétition électorale. D'où le pari d'Yves-Marie Adeline de fonder un nouveau parti, L'Alliance Royale, qui présenterait ses candidats aux élections. Pour l'instant, le royalisme électoral du XXIe siècle ne perce pas, c'est le moins que l'on puisse dire. Lors des municipales de 2008, L'Alliance a fait moins de 1 % des voix à Paris où Adeline se présentait contre une certaine Rachida Dati, dans le septième arrondissement.

Cet échec était prévisible. Son intérêt est de laisser émerger cette France traditionnelle, voire traditionaliste, dont les familles à particule les moins bien intégrées à la vie civile et économique sont les meilleures représentantes. Profondément catholiques, soutiens ou militants de valeurs traditionnelles, globalement opposés au changement, leurs votes, voire leurs engagements vont du centrisme français (ex-UDF), jusqu'au Front National en passant par le CNI et, surtout, le Mouvement pour la France. « *Cette aristocratie non évolutive est un électorat de choix pour Philippe de Villiers* » explique Yves-Thibault de Silguy. Le bien connu vicomte Philippe de Villiers (Philippe Le Jolis de Villiers de Saintignon), au départ aimable énarque (promotion Pierre Mendès France) a rapidement démissionné de la haute fonction publique pour sa carrière électorale sur les valeurs de la France du terroir et sur un anti-européanisme militant avec son mouvement Combat pour les valeurs (1991) et son parti politique Mouvement pour la France (MPF, 1994), récemment associé à la nébuleuse UMP. S'il a rayé son titre de noblesse de sa notice du

Who's Who et ne s'entoure que de très peu de noms à particule, le vicomte vit en pur aristo (un château, sept enfants, une famille à l'ANF), et fut « proclamé » député pour sa première entrée sur les bancs du Palais Bourbon[1]. Souvent caricaturé, menant un combat perdu d'avance à Bruxelles où il est député européen, régulièrement replié dans son fief du conseil général de Vendée, Villiers n'en pèse pas moins son petit poids électoral (de 4 à 12 % des voix, selon les rendez-vous électoraux). Et nombre d'aristos, garants d'une certaine France d'antan, ne sont pas étrangers à ces scores.

Mais Villiers a fait le choix de la République. Ce qui n'est pas forcément celui de la frange la plus réactionnaire de l'électorat noble. Un autre vicomte, Henry de Lesquen (Henry de Lesquen du Plessis Casso), également parfait aristo (fils de général, polytechnicien, énarque, ANF, haut fonctionnaire à Bercy, versaillais...), connaît bien la sociologie de ses semblables en tant que fondateur et animateur du Club de l'Horloge dont la vocation est d'établir un débat ou des actions concertées entre « toutes » les droites, du Nouveau Centre au Front National. Pour lui, une famille politique survit à travers la noblesse : « *Les aristocrates votent UMP, Villiers, un peu moins FN car cela reste mal vu, en tout cas cela ne se revendique pas dans ce milieu. Il reste aussi tous les mouvements royalistes qui, s'ils relèvent d'une certaine utopie – la restauration de la monarchie –, reflètent bien leurs valeurs* » analyse-t-il[2].

Un des fondamentaux encore vivaces de l'aristocratie « réelle » est en effet une certaine méfiance vis-à-vis de la République,

1. Le 2 juin 1987, suite au décès du député de Vendée Vincent Ansquer, dont il était le suppléant.
2. Entretien avec l'un des auteurs.

voire une certaine détestation du tournant révolutionnaire. Leur foi, ultracatholique, reste plus légitime que le système politique moderne, issu, justement, de la Révolution. La monarchie, système politique d'essence divine, est le ciment de leur histoire Voici plus d'un siècle, l'invitation du pape Léon XIII à « accepter » la République fut ressentie comme un traumatisme. L'idée que la religion – catholique – donne du sens à la réalité du pays est encore dominante dans cette France discrète qui n'étale pas ses idées à la une des journaux. Voilà pourquoi nombre de noms à particule grenouillent toujours en ce XXIe siècle dans des réseaux monarchistes, même si ceux-ci sont mal en point. La fameuse Action Française, héritière de la grande ligue fondée par Charles Maurras, est en crise profonde depuis le décès récent de son animateur Pierre Pujo. Quant au dernier cercle aristo-monarchiste, plus ancien que le Jockey, le Cercle Louis XVI de Nantes (fondé en 1760, mis en sommeil uniquement sous la Terreur et l'Occupation), vit ses derniers feux. Il y a peu encore, ces grandes familles de l'ouest, des militaires, des notaires, des propriétaires terriens, ces Kersauson, La Marandais, Montmarin, Buor de Villeneuve – famille de l'épouse de Philippe de Villiers –, Jacquelot de Boisrouvray, Lapérouse, tous ces grands noms fleurant bon les grandes découvertes se targuaient d'être « nés avant 1940 », de continuer à interdire la salle de billard aux femmes et d'entretenir le souvenir du martyre de Louis XVI [1]. En se rendant par exemple, comme des dizaines de milliers de Français, aux traditionnelles messes anniversaires de « l'assassinat » du roi chaque 21 janvier, jour de son exécution. Les Églises où se déroulent ces manifestations sont d'ailleurs celles que fré-

1. *L'Express* du 14 novembre 2002.

quentent les familles aristocrates traditionnelles du pays : Saint-Germain l'Auxerrois, La Madeleine, Saint-Nicolas-du-Chardonnet (pour les plus intégristes d'entre eux), etc.

Il est donc difficile de voir émerger sur la scène politique cette aristocratie de la « réaction », qui ne vote pas, ou peu, et s'engage encore moins. Elle apparaît toutefois dans des soutiens aux partis les plus nationalistes. La sociologue Monique de Saint-Martin cite le cas des cinq cents élus ayant accordé leur soutien à Jean-Marie Le Pen, président du Front National, pour se présenter à la magistrature suprême : « 10 % », soit vingt fois plus que leur poids démographique, « étaient des élus à particule »[1]. Ça s'arrête là. Le Front possède bien quelques sangs bleus dans ses instances (Saint-Just, La Tocnaye, d'Ornano, Penfentenyo...) au bureau politique ou au comité central, mais guère plus qu'à l'UMP ou au MPF.

On les trouve plutôt dans des cercles, des mouvements de la droite nationale, des organisations traditionalistes catholiques. Outre Henry de Lesquen, du Club de l'Horloge, le Cercle Renaissance, qui cherche également à rapprocher droites républicaines et droites nationales, est animé par le comte Michel de Rostolan, un ancien du Centre national des indépendants et du Front National. Un des principaux penseurs de la Nouvelle droite, un courant philosophique « cousin » de la Droite nationale, est Alain de Benoist, de son vrai nom Alain de Benoist de Gentissard.

Villiers emmène avec lui cette France ultracatho, composée notamment de nobles traditionalistes. « *Des intégristes nous en*

1. Pour la présidentielle de 1988.

avons aussi » admet le duc de Brissac [1]. Des mouvements comme La Fraternité Saint-Pierre – dont un fils du vicomte de Villiers est membre –, la Renaissance catholique – qui milite pour une Europe rechristianisée –, L'Emmanuel – mouvement charismatique créé par des opposants aux réformes de Vatican II, et bien entendu la frange lefèbvriste de l'Église – qui accueille des officiants comme le frère de Denis de Kergorlay [2] –, tous ces mouvements emploient nombre d'héritiers de la noblesse qui n'ont pu se frayer un chemin dans la France gagnante du Parlement ou du Cac 40.

Ils ont beaucoup en commun, ces « inadaptés » de la démocratie. Comme ce tabou cocasse : naître un 14 juillet, ce qui pourrait être interprété comme un soutien militant à la Révolution. Certains nourrissons à particule assez malchanceux pour venir au monde à cette funeste date ont été officiellement déclarés aux autorités la veille ou le lendemain. Le comte François des Ligneries, vigneron de talent à Saint-Émilion, a ainsi vu le jour un 14 juillet dans les années cinquante, mais a été déclaré... le 13 juillet !

Bien entendu, la détestation de la Révolution et de son corollaire, la République, est moins vivace aujourd'hui qu'elle ne l'était jusqu'à la dernière guerre. Que, comme les femmes, les militaires, qui comptaient nombre d'aristocrates dans leurs rangs, aient été privés de droit de vote jusqu'en 1946, n'est pas étranger à l'absence de participation démocratique de cette caste sociale. Éric Mension-Rigau cite ces cas étonnants de familles fermant leurs volets le 14 juillet toute la journée ou ces bailleurs

1. Entretien avec l'un des auteurs.
2. Lire chapitre 1.

interdisant sur contrat à leurs locataires de « pavoiser » le jour de la Fête nationale ! Ils portent toujours, pour certains d'entre eux, une sainte détestation des « socialistes » et de tout ce qui vient de la gauche. Thierry Magon de La Villehuchet, le financier suicidé, a notoirement quitté Paris pour New York au mois de mai 1981 quand le socialiste François Mitterrand accédait au pouvoir. Au même moment, le grand chancelier de la Légion d'honneur, Alain de Boissieu, de la prestigieuse lignée Boissieu (Boissieu-Déan de Luigné), démissionne immédiatement de ses fonctions pour ne pas avoir à décorer lui-même le nouveau président socialiste comme l'exige la tradition républicaine (un président de la République française nouvellement élu est immédiatement décoré de la légion d'honneur). Selon Jacques Attali, Alain de Boissieu attaquera alors François Mitterrand pour son attitude pendant l'Occupation[1].

Cette contestation de la légitimité républicaine réapparaît à intervalles réguliers. Ce fut le cas lors de la commémoration du bicentenaire de la Révolution française, en 1989. Une des rares occasions où cette France discrète, cette France attachée à la terre, au catholicisme, aux valeurs traditionnelles, se montra au grand jour. À l'époque, des personnalités comme le marquis de Vogüé, Anne-Françoise d'Harcourt et bien entendu Philippe de Villiers haussèrent le ton pour rappeler un temps l'attachement de certains aux valeurs de l'Ancien Régime, toujours au nom de Dieu et d'une France catholique. Le vicomte de Villiers, essayiste à ses heures, signa à cette occasion un livre au titre inoubliable : *Lettre ouverte aux coupeurs de têtes et aux menteurs du bicentenaire.* La Vendée commémore toujours aujourd'hui le « géno-

1. *Verbatim I*, Jacques Attali, Fayard, 1986.

cide » des Chouans royalistes et catholiques, à travers, notamment, des associations comme le Souvenir vendéen, comptant nombre d'aristos dans ses rangs.

L'héritier du trône en tablier

« *Une nouvelle étoile est née, le 22 juin 2000, à midi, dans l'univers du Grand Architecte. La cérémonie de consécration, dédicace et constitution de la respectable Loge fondée à l'Orient de Paris, sous le titre distinctif Le Lys de France, portant le numéro 1297 et travaillant au Rite français a eu lieu dans le Grand Temple de la GLNF, 12 rue Christine de Pisan.* » Le non-initié comprend à peine ce texte à usage interne qui est une simple déclaration de création d'une loge maçonnique sous l'égide de la Grande Loge Nationale Française (GLNF), une des principales obédiences françaises. Plus intéressant est le nom du « vénérable maître désigné » (pour diriger les travaux de cette loge) : « Monseigneur le comte de Paris » ! Il s'agit bien d'Henri d'Orléans, comte de Paris et duc de France, prétendant à la couronne du côté de la branche Orléans [1].

La présence en maçonnerie d'un des plus hauts représentants de la branche légitimiste peut surprendre. Familles nobles et princières de France, par tradition catholique, se sont toujours affichées – parfois violemment – « antimaçonniques ». Les « frères », concurrents traditionnels et adversaires de l'Église catholique, ont toujours été vilipendés d'autant plus fortement que la plupart des obédiences ont renoncé à une référence spirituelle collective pour privilégier un parcours spirituel personnel et une inscription dans la vie de la cité.

1. Par opposition à la branche Bourbon, pour laquelle l'héritier du trône est notre « chevalier de Malte » Louis de Bourbon, duc d'Anjou, qui porte le titre de Louis XX.

« Il y a une tradition antimaçonnique dans les familles nobles proches de l'Église, précise Henry de Lesquen. *Un bon catholique pratiquant n'est théoriquement pas franc-maçon, c'est aussi considéré comme une expression de la gauche.* » Dans les années quatre-vingt, un certain Joseph Ratzinger, futur pape Benoît XVI, à l'époque préfet pour la Congrégation de la foi (l'Inquisition moderne), n'a-t-il pas formalisé la seule sanction admise pour les chrétiens devenus francs-maçons : l'excommunication ?

Les recruteurs des grandes obédiences – très actifs par les temps qui courent – hésitent donc encore à approcher les grandes figures aristocrates. « *Il y a assez peu de francs-maçons dans notre milieu, 70 % de mes amis sont aristocrates et je connais très peu d'initiés, moi-même je suis encore très surpris de n'avoir jamais été approché par les frères* » s'étonne Yves-Thibault de Silguy.

Mais la maçonnerie est aussi un immense réseau d'influence. Sans compter qu'elle s'est développée dans l'histoire grâce à de nombreux membres issus de l'aristocratie, quand bien même ceux-ci firent carrière dans l'Église. En outre, de nos jours, une obédience est restée « déiste » : la GLNF, justement. La croyance en un « Grand Architecte de l'Univers » y étant restée un dogme, il existe un lien spirituel entre maçons, religieux et certains aristocrates. Nombre d'hommes d'Église ont été initiés, et c'est même une très ancienne tradition en Bretagne. De parfaits aristocrates sont, eux, encore régulièrement initiés, mais occultent consciencieusement cette appartenance contre-nature. Ils font écho, ce n'est pas un hasard, à leur fondateur d'origine, un certain Édouard de Ribaucourt, qui quitta en 1913 le Grand Orient pour créer la « Grande Loge Indépendante et Régulière pour la

France et les colonies françaises », future GLNF. Outre le comte de Paris, maçon pendant une vingtaine d'années avant de suspendre ses travaux, on peut citer des personnalités aussi diverses que le banquier Jean de Ribes (ex-Rivaud), les politiques Hervé de Charette (ancien ministre des Affaires étrangères), feu Michel d'Ornano – qui fut pourtant enfant de chœur ! –, Renaud Donnedieu de Vabres (ancien ministre de la Culture), l'académicien Jean d'Ormesson, le financier Éric de Lavandeyra, et même un autre prince, Michel de Yougouslavie, une vieille connaissance de feu Thierry Magon de La Villehuchet (son « rabatteur à particule », lire chapitre 3), qui, lui, a quitté l'obédience en 1995, suite aux nombreux scandales financiers où apparut l'acronyme GLNF [1]. Une autre anecdote, mettant en scène le plus « noble » de nos présidents, Valéry Giscard d'Estaing, est révélatrice de l'influence subtile de la franc-maçonnerie sur la politique française. Selon Renaud Lecadre et Ghislaine Ottenheimer [2], Giscard avait accepté de devenir un « frère », mais à la surprenante condition d'être initié sur le lieu même de l'exercice de son mandat, c'est-à-dire à L'Élysée, et non au temple. Il était prévu de le bombarder directement au « 33e degré » [3]. En somme, VGE exigeait d'être traité comme les rois et les princes d'autrefois qui possédaient effectivement ce double privilège quand ils entraient en maçonnerie ! Le stratagème, éventé par *Le Canard Enchaîné*, fut finalement abandonné.

Des aristocrates de carrière, hommes d'influence, bravent donc cet interdit de leur milieu : passer un temps chez

1. *Les frères invisibles*, Renaud Lecadre, Ghislaine Ottenheimer, Albin Michel, 2000.
2. *Les frères invisibles*, *op. cit.*, p. 166.
3. Le dernier des « hauts grades » maçonniques, normalement atteint après des années de travail.

« l'ennemi », ce concurrent redoutable du Vatican qu'est la franc-maçonnerie. « *Nous avons un nombre non négligeable de francs-maçons dans notre milieu*, admet le duc de Brissac, *je pense même que nous en avons au Jockey Club, mais ce n'est bien entendu pas une tradition d'évoquer le sujet.* » Le passage à l'acte est d'autant plus aisé que cette maçonnerie « régulière », c'est-à-dire reconnue au plan international par la Grande Loge Unie d'Angleterre (sorte de multinationale franc-maçonne), est une garante de la tradition, voire du traditionalisme chrétien, même si, en théorie, les maçons GNLF ne peuvent évoquer des sujets ayant trait à la religion dans leurs travaux. La Grande Loge anglaise est d'ailleurs obligatoirement dirigée par un duc titré, comme c'est le cas pour Malte ou Saint-Lazare. L'actuel duc de Kent, un des plus hauts grades aristocratiques anglais, dirige depuis trente ans cette internationale franc-maçonne. En France, les cérémonies d'initiation d'aristos sont facilitées par des traditions familiales – de père en fils – comme chez les d'Ormesson ou les d'Ornano. Au disparate réseau aristo – Jockey, ANF, Cincinnati, Malte... – il convient donc d'ajouter quelques frères très discrets de la maçonnerie française de droite.

V

À L'ASSAUT DES MÉDIAS

Le ministre Michel d'Ornano se sentait plus puissant avec une plume qu'avec un maroquin. La lauréate à particule d'un « Hot d'Or » travaille pour le pape ! Une La Rochefoucauld se fait surnommer « Rochefucker » par les Américains. À M6, les chevalières fleurissent pour faire les yeux doux à Nicolas de Tavernost.

À soixante-dix ans, l'homme est fripé, pas très grand, mais terriblement attachant. Il porte une chevalière et a surtout beaucoup d'histoires à raconter. Bien loin de prendre sa retraite, Antoine de Tarlé règne encore sur le grand journal breton *Ouest-France*, une institution. Depuis son poste d'observation, son grand bureau climatisé de la rue du Faubourg Saint-Honoré, il reconnaît que ses semblables à particule sont de plus en plus présents et puissants dans les journaux français, dans les radios, les télévisions, la publicité. Le tout sous la Ve République, ce qui n'est pas le moindre des paradoxes. « *Il y a effectivement une montée en puissance des aristocrates dans les médias ces trente dernières années* » dit-il[1]. Son journal, un empire de mille six cents salariés et plus de trois cent millions d'euros de chiffre d'affaires, a d'ailleurs été fondé par une dynastie d'aristocrates, les Desgrées du Loû. François-Régis Hutin, aux commandes du quotidien

1. Entretien avec l'un des auteurs.

depuis 1965, est le petit-fils du fondateur, Emmanuel Desgrées du Loû.

Quand on lui soumet la liste des aristocrates aux commandes des médias, Antoine de Tarlé, devenu président du directoire des éditions Ouest-France, réagit : « *Le PDG de M6 Nicolas de Tavernost, je le connais depuis vingt-cinq ans, Gérald de Roquemaurel, l'ancien PDG de Hachette Filipacchi Médias, c'est un ami, Patrick de Carolis le PDG de France Télévisions, également. Louis de Broissia, l'ex-directeur délégué de la Socpresse* [maison mère du *Figaro*], *je le connais* via *HEC. Gaël Desgrées du Loû, ex-directeur général de TV Breizh, c'est moi qui l'ai aidé dans sa carrière. Son père, un ami, me l'avait envoyé. Je les connais tous très bien, je navigue dans ce milieu depuis toujours !* »

Pourtant rien ne prédestinait ce fils aîné issu d'une famille de militaires – qui porte le même prénom que son grand-père et son père mais aussi que son fils et petit-fils – à vivre de sa plume, bien au contraire. « *Je suis le premier de la famille en deux cent cinquante ans à ne pas être dans l'armée.* » Il rejoindra tout de même sur le tard la société des Cincinatti, toujours elle.

C'est à l'Assemblée nationale qu'il commence sa carrière, comme haut fonctionnaire. Il y crée le tout premier service de presse. Très vite, il intègre la direction de l'Institut national de l'audiovisuel (Ina) puis celle de TF1, avant de gagner la tête des publications de La Vie Catholique et de *Télérama*, et enfin de *Ouest-France*. Le tout sous les yeux « *effarés* » de sa famille, qui « *méprise* » la télé, « *ignore tout* » du grand journal de l'ouest et juge « *épouvantable* » l'hebdomadaire télé. « *Moi les médias m'ont toujours intéressé. J'aime écrire.* » Quelle n'est pas sa surprise de tomber un jour sur des articles écrits par son grand-père militaire dans *La Croix* : « *J'ai un peu le même style que lui, c'est étonnant.* » Tarlé aime aussi le pouvoir. « *Comme la plupart de mes confrères aristos je pense, j'ai toujours voulu être dans l'orbite du pouvoir, depuis mes débuts à l'Assemblée. Après tout, nous sommes des hommes d'influence, nous avons peut-être un goût inné pour cela.* » Au fil de sa carrière il a pris conscience de l'importance de ses origines sociales. « *Pour être honnête, cela crée des liens entre gens du même milieu. L'éducation commune crée un rapport humain et donc professionnel plus facile.* » Ainsi, le patron de l'empire Bolloré Médias, Jean-Christophe Thiery de Bercegol du Moulin, a toujours été avec lui d'une « *amabilité incroyable.* » Les liens de parenté sont nombreux dans ces grandes familles qui manient le cousinage avec dextérité. Antoine de Tarlé a un cousin lié à Nicolas de Tavernost (qui s'appelle en réalité Nicolas Bellet de Tavernost), et un autre à Bernard de La Villardière (Bernard Berger de La Villardière), le présentateur vedette de M6. Depuis, il a créé une « *petite dynastie Tarlé dans les médias* », ce dont il se félicite : son neveu Axel est chroniqueur économique sur *Europe 1*, sa nièce Sophie est journaliste à *L'Étudiant*, sa fille Virginie est à *Femme Actuelle.*

Comme lui, de nombreux aristos du XXIe siècle, les plus curieux, les moins engoncés dans les habitudes de leur milieu, se sont lancés dans les médias, ce nouvel outil de pouvoir. Ils y construisent de magnifiques carrières. Nous l'avons vu, deux des principaux groupes télévisuels français – France Télévisions et M6 – sont dirigés par des « particules » : Patrick de Carolis et Nicolas de Tavernost. La voix de la France sur les ondes et les écrans étrangers est dirigée par le baron Alain de Pouzilhac (Alain Duplessis de Pouzilhac), à la tête de la Société de l'audiovisuel extérieur de la France (regroupant TV5, France 24 et RFI). La chaîne senior, Vivolta, est dirigée par le comte Gaspard de Chavagnac. Sur Canal +, le département clé de la fiction est aujourd'hui aux mains de Fabrice de la Patellière. De nombreux groupes de presse, parmi les plus importants du pays, sont dirigés par des fils de grandes familles : le comte François d'Orcival, né Amaury de Chaunac-Lanzac, préside le comité éditorial de plusieurs titres du groupe Valmonde dont *Valeurs actuelles*, en plus d'être chroniqueur notamment à France Info. Le comte Arnaud Roy de Puyfontaine vient de quitter le géant Mondadori *(Télé Star, Closer, Auto Plus)* et a joué un rôle éminent lors des États généraux de la presse. Nous verrons plus loin que *Le Figaro*, le quotidien de l'élite, est trusté par l'aristocratie.

En province, Jehan-Pierre de Kerraoul dirige Sogemedia, le premier groupe indépendant de presse hebdomadaire régionale en France qui compte aujourd'hui quinze hebdomadaires, essentiellement dans le Nord, mais aussi dans les Hautes-Pyrénées et en Haute-Savoie. Et au sein même des rédactions, en plus des journalistes à particule, les aristocrates sont nombreux à avoir des responsabilités. Le comte Patrick de Saint-Exupéry, descendant du célèbre poète aviateur, a cofondé récemment la revue de grand reportage *XXI*, dont il est le directeur éditorial. Renaud Boisson de Chazournes a ressuscité en mai 2009 le mensuel *L'Européen*, dont il dirige la rédaction. Le comte Pierre-Henri de Menthon, beau-frère de la fondatrice du mouvement Ethic, codirige celle de l'hebdomadaire économique *Challenges*, et Dominique de Montvallon dirigeait celle du quotidien populaire *Le Parisien*. Sans surprise, les équipes dirigeantes des médias catholiques sont truffées de « redeudeu » : sur la chaîne KTO, le directeur général Christian de Pennart et la directrice des programmes Philippine de Saint-Pierre travaillent en duo. Yannick Durand de Prémorel est directeur délégué du directoire du groupe Bayard *(La Croix, Pèlerin Magazine, Pomme d'Api,* etc.*)*.

Les aristocrates sont même très présents au sein des instances représentatives des médias. Emmanuel de la Taille est président d'honneur du Press Club de France qu'il a fondé, Arnaud de Puyfontaine a dirigé Audipresse, l'association pour la promotion de la presse magazine, et Jehan-Pierre de Kerraoul la Fédération nationale de la presse française. François d'Orcival a été élu en 2008 président de l'association Presse et Pluralisme, destinée à créer une fondation pour le pluralisme de la presse écrite. Et le comte Jean-Guillaume d'Ornano, dont la carrière progresse à pas de géant à la Socpresse, est trésorier du syndicat de la presse quotidienne.

Le comte de Roquemaurel lance *Playboy*

Ces aristos des médias ont beau descendre des plus belles lignées, sentir couler dans leurs veines le sang bleu, ils n'en sont pas moins des originaux. C'est une constante : ceux qui ont opté pour ces nouvelles carrières sont des rebelles iconoclastes, des *self made men* qui détonnent dans leur univers guindé. « *J'étais le mauvais cygne dans la mare des canards* » lâche Yves de Chaisemartin, l'ancien PDG de la Socpresse, sixième enfant d'une fratrie qui en compte dix[1]. « *Je ne pense pas être conformiste bien que mon nœud papillon puisse envoyer le signal inverse* »[2] confiait le comte Gérald de Roquemaurel qui n'hésita

1. Entretien avec l'un des auteurs.
2. *Le Nouvel Économiste*, mars 2007.

pas en son temps à braver son milieu en lançant l'édition française de *Playboy*, le magazine américain connu pour ses photos érotiques. Barbe mal taillée et cheveux fous, Fabrice de Rohan-Chabot, le fondateur du mensuel décalé *Technikart* et l'éditeur de *Trax*, un mensuel 100 % musique électronique, joue volontiers les déjantés alors même qu'il est le rejeton d'un comte antiquaire. Et que sa notice du *Who's Who* mentionne bien son titre nobiliaire ! Mais tous veulent qu'on se souvienne d'eux comme des décalés. « *J'étais considéré comme un rebelle dans ma jeunesse* » se souvient Antoine de Tarlé.

Sylvie de La Rochefoucauld, qui a dirigé la chaîne du câble Canal Jimmy pendant sept ans, revendique son « *indépendance* ». Sa grand-mère, la célèbre duchesse Edmée de La Rochefoucauld, présidente du Comité des dames de l'Interalliée, organisait des dîners mondains où se pressait le Tout-Paris intello. Sylvie, elle, ne se servira délibérément jamais de ce carnet d'adresses à faire pâlir de jalousie ses confrères. « *Je ne voulais être redevable à personne.* »[1] Pour l'anecdote, sa grand-mère lancera à l'humoriste Thierry Le Luron, qui avait demandé à Sylvie de jouer sa petite amie l'espace d'une soirée médiatique, sur un ton très sérieux : « *Quelles sont vos intentions avec ma petite-fille, monsieur ?* »

Autre constante, ce sont souvent des autodidactes, dans un milieu où on ne badine pas avec les études. Patrick de Carolis, qui préside aujourd'hui aux destinées de onze mille salariés, n'a fréquenté qu'une école de journalisme non reconnue par la profession. Alain de Pouzilhac n'a que son bac en poche, comme Inès de la Fressange, aujourd'hui responsable de la communication d'une maison de souliers haute couture. Sylvie de La

1. Entretien avec l'un des auteurs.

Rochefoucauld a laborieusement mené quelques études d'anglais et d'espagnol à La Sorbonne.

Le cas de Jean-Charles de Yturbe, un des bras droits de Bolloré chez Havas, est encore plus saillant. « *La génération de mes parents était encore celle qui ne faisait pas carrière*, raconte-t-il, *alors moi, adolescent, je m'intéressais plus aux filles qu'aux études. Je suis pourtant parti étudier un peu par hasard aux États-Unis, et là je me suis retrouvé au beau milieu de boursiers. Il fallait s'en sortir, cet environnement m'a aidé à trouver ma voie.* »[1] Yturbe a fait une très belle carrière dans la publicité sans aucun diplôme important, en conservant sa place au Jockey Club ainsi que ses précieuses bouteilles de lafite chez son ami Éric de Rothschild.

Hermine de Clermont-Tonnerre en peignoir

La maison, toute blanche, dresse fièrement ses trois étages en plein Paris. Au deuxième, le salon plonge sur les quelques hectares de vignes en fleur de Montmartre. La baie vitrée à l'ancienne laisse filtrer le soleil, qui se lève tout doucement. D'immenses tableaux aux cadres dorés, dont l'un représente un homme perruqué aux airs de Louis XVI, côtoient des têtes de lion sculptées. Dans un coin se trouve une sono, avec des platines de DJ. Les chiens et les enfants jouent avec les bouchons de champagne qui traînent un peu partout. Hermine de Clermont-Tonnerre, figure du show-biz et des nuits parisiennes, émerge en peignoir, mèches de couleur dans les cheveux, après une folle soirée avec la chanteuse Liane Foly.

Hermine est l'archétype de ces aristocrates déjantés, en décalage total avec leur milieu d'origine. Elle a fondé sa société de

1. Entretien avec l'un des auteurs.

communication événementielle, baptisée simplement HCT. Elle l'a récemment mise en sommeil, le temps de faire le tour du monde en bateau avec son compagnon et ses deux enfants. « *J'organisais des événements que personne ne pouvait faire, des soirées exceptionnelles, des trucs fou-fou, comme le lancement du film* Titanic *sur une péniche. Je faisais du sur-mesure, de l'unique* » raconte-t-elle [1].

Cela fait une dizaine d'années, selon la *jet-setteuse*, que l'on trouve un nombre plus important d'aristocrates dans les relations publiques. « *Ils ont un savoir-vivre, une politesse, un entregent. Ils sont naturellement bons dans ce métier !* » Elle aussi revendique son originalité. « *J'ai été critiquée très tôt par ma famille, j'étais le vilain petit canard. Je suis un ovni pour beaucoup de mes cousins. Un jour je suis à New York, le lendemain ailleurs, je suis copine avec des forains, avec les guérilleros du Pérou, avec Buzz Aldrin, vous savez le type qui a marché sur la Lune !* » Effectivement, de quoi trancher avec un nom connu à la cour depuis le XIe siècle et un nom chevaleresque qui a donné des lignées de ducs, de ministres, d'académiciens ou d'archevêques !

Comme Hermine, les aristocrates viennent souvent de familles dont les ambitions sont à des années-lumière de l'univers pétillant des médias. Chez les Chaisemartin, une famille de la noblesse de robe remontant à 1183, on est juristes de père en fils depuis plusieurs générations. L'arrière-grand-père d'Yves de Chaisemartin était procureur de la République de Limoges. Yves lui-même a été avocat pendant vingt ans, après des études de droit « *par défaut* » dit-il. Les Tarlé sont des militaires, on l'a vu. La famille de Yann de Kersauson, l'étoile montante de M6,

1. Entretien avec l'un des auteurs.

compte plusieurs diplomates. Résultat, « *il y a trente ans, dans les fêtes de famille, j'étais le pestiféré* » raconte Antoine de Tarlé. « *Ma famille ne comprend rien à ce que je fais. La télévision, c'est un milieu qu'elle méprise, c'est vulgaire* » lâche Sylvie de La Rochefoucauld. Et lorsque Nicolas de Tavernost décide de lancer *Loft Story* en France, quelle n'est pas la réaction de son clan ! Les tribulations des onze jeunes reclus dans un studio de La Plaine Saint-Denis provoqueront même « *une affaire de famille* » de l'aveu d'Isabelle, sa sœur aînée [1].

Pourquoi tant d'aristos dans ce secteur ? « *Les médias leur permettent d'assouvir leur originalité dans un monde moins conventionnel que l'administration ou l'armée, tout en exerçant une influence* » analyse Antoine de Tarlé. Il vise juste. Derrière le strass et les paillettes, les médias représentent un nouveau levier de pouvoir. Déjà, à la fin du XIXe, Alexis de Tocqueville avait qualifié la presse de quatrième pouvoir. Deux cents ans plus tard, l'expression s'avère plus vraie que jamais. Yves de Chaisemartin raconte que le comte Michel d'Ornano, qui fut plusieurs fois ministre, avait choisi de rejoindre la vice-présidence de la Socpresse « *parce qu'il pensait qu'il aurait là plus de pouvoir qu'au gouvernement* » estime-t-il. L'ancien patron du *Figaro* est parfaitement d'accord avec cette idée. « *Les ministres ne sont que des intérimaires, en CDD, leur mandat est très court, alors que dans les médias, nous avons le temps d'agir.* » Un dirigeant dans l'audiovisuel poursuit, en connaissance de cause : « *Dans les cabinets ministériels et les cercles politiques, on peut avoir de l'influence. Mais dans l'audiovisuel, on est dans l'arrière-cour de ce qui se décide. Et puis les médias ne connaissent pas la pénurie de*

1. *L'Expansion*, 1er avril 2003.

moyens qui frappe l'administration. » Le baron Édouard de Rothschild lui-même avait justifié son intérêt pour *Libération* en évoquant son « *influence sur la société* », lorsqu'il est devenu en 2006 l'actionnaire de référence du quotidien de gauche[1].

Nombreux sont ceux à avoir grenouillé dans les cercles influents avant de manier avec dextérité la télécommande ou la plume. L'actuel président de Bolloré Médias, l'énarque Jean-Christophe Thiery de Bercegol du Moulin, a d'abord été sous-préfet des Pyrénées-Orientales. Vincent de Bernardi, directeur général du Syndicat de la presse quotidienne régionale, a travaillé auparavant comme patron du délicat Service d'information du gouvernement, cet élément stratégique de la communication gouvernementale (il succédait d'ailleurs à ce poste à un autre aristo, Bruno Hocquart de Turtot). Même Nicolas de Tavernost, qui voulait être dans sa jeunesse préfet, a dans une première vie été chef du service d'information de feu le ministère des PTT[2].

Une Farges de Rochefort-Sirieyx reçoit un Hot d'Or !

Son éducation et son métier constituent le plus incroyable des oxymores. « *Marie-Laurence* », comme elle se fait appeler dans le milieu du X, s'appelle en réalité Marie-Laurence Farges de Rochefort-Sirieyx. Fille d'un baron, descendante de Colbert et Chamillard, ministres de Louis XIV, issue d'une famille dont la devise est *Vis et amor* (« Force et amour ») et le blason « d'argent au lion de gueules », sœur d'un membre du Jockey Club – Antoine, président du conseil de surveillance de 123 Venture –,

1. *Le Figaro économie*, 29 novembre 2004.
2. *Télérama*, 22 septembre 2009.

Marie-Laurence travaille depuis des années pour Marc Dorcel, le célèbre producteur et réalisateur de films pornographiques.

Il est toujours difficile de passer outre son éthique personnelle et les pressions de son milieu. Cette charmante jeune femme est devenue attachée de presse dans le milieu... du X, en même temps que dans la promotion des figures de l'aristocratie internationale. Pour simplement pouvoir travailler à sa guise, elle a dû lutter âprement. « *J'ai été éduquée pour devenir une parfaite épouse : savoir placer les gens à table, répondre à une invitation, s'occuper du personnel de maison en leur donnant l'impression qu'ils font partie de la famille. Mon trousseau était déjà prêt et, avec maman, on priait même pour mon futur mari.* »[1] Le jour où Marie-Laurence de Rochefort annonce vouloir créer son entreprise de relations publiques, le choc familial est très rude. « *On m'a laissé croire que j'étais devenue une sorte de voyou* » se souvient-elle. Ce choc devient insoutenable le jour où l'attachée de presse commence à s'occuper de promouvoir la carrière de jeunes femmes aux talents très particuliers. « *Il y a eu rupture avec ma famille. Personne ne m'a défendue, pas même mes frères. Ma mère récite beaucoup de chapelets pour moi...* » Sa grand-mère refusera même de lui serrer la main à l'enterrement de son grand-père.

Cette élégante quadra poursuit sa route coûte que coûte. « *J'ai créé mon bureau de presse dans les années quatre-vingt-dix, dans la mode, le luxe, l'événementiel. J'ai travaillé comme attachée de presse aussi bien pour le DJ David Guetta que pour le pape Jean-Paul II lors de sa venue à Lourdes et Benoît XVI à Paris et pour les actrices porno de Marc Dorcel* » dit-elle. C'est pour cela

1. Entretien avec l'un des auteurs.

que cette aristocrate est la seule de son espèce à avoir reçu deux « Hot d'Or », les Oscars du porno (dans la catégorie « communication », bien entendu). Voilà qui tranche singulièrement avec l'éducation reçue au sein d'une famille aux principes archaïques, comme il en reste encore en France de nos jours. « *J'ai été pensionnaire chez les Ursulines en uniforme, je vouvoyais mes parents, qui eux-mêmes se vouvoient entre eux, je suis allée dans les soirées rallyes, je jouais au bridge dans nos propriétés. Après le lycée privé de Saint-Bonnet de Galaure, fondé par Marthe Robin, j'ai fait l'École du Louvre* » raconte-t-elle.

Une schizophrénie assumée. Celle qui a longtemps fréquenté les actrices porno – « *J'étais comme leur grande sœur* » –, assisté aux tournages, navigué dans un univers de débauche, a étonnamment conservé un langage châtié, une voix un peu haut perchée typique des femmes de ce milieu, et même ses boucles d'oreille, son tailleur et son brushing impeccable : « *J'ai été dressée pour accueillir et écouter les gens, être dans le don de soi. Ça n'est pas de l'hypocrisie, c'est une seconde nature.* » Sa « *naïveté* », ajoutée à un « *piètre sens des affaires* » hérité de son éducation, lui occasionnent quelques accidents de parcours. « *J'ai avancé sans vraiment réfléchir, comme un avocat qui aurait plein de clients, au fil des rencontres, sans volonté de rébellion. Dans cet univers, j'ai trouvé ma place.* » Comme de nombreux aristocrates qui goûtent aux *spotlights*, Marie-Laurence est en fait restée très attachée aux valeurs de sa famille. Elle continue à servir la soupe à Saint-Eustache pour les sans-abri, est toujours hospitalière à Lourdes et continue à suivre des retraites religieuses. Parfois elle demande conseil à un ami prêtre. Elle assume tout. « *Jamais je n'ai fait quelque chose dont je pourrais avoir honte. Je ne suis jamais allée à rebours de ma propre moralité. Mais à chaque fois que j'ai voulu suivre un chemin traditionnel, ça n'a pas marché.* »

En réalité l'influence de Marie-Laurence est immense dans le milieu. Le rédacteur en chef d'une célèbre émission de Canal + a souvent affaire à elle : « *C'est une personne énigmatique. Elle accompagne Marc Dorcel partout. On ne sait jamais ce qu'elle a en tête derrière son amabilité et sa courtoisie, jamais démenties. Elle est un peu la conseillère de l'ombre de Marc, sa tête chercheuse de talents.* »[1] De fait, c'est Marie-Laurence qui valide l'intégration de toutes les nouvelles actrices de la société Marc Dorcel, spécialisée dans le porno chic. Elle les relooke de pied en cap, veille au grain jusque dans les moindres détails. Marc Dorcel lui-même souligne qu'« *elle s'est construit un réseau important, en se liant d'amitié avec ses contacts. Aujourd'hui elle connaît tout le monde, de* Libération *aux magazines économiques en passant par* Voici, *sans oublier Cauet, Delarue, etc. Elle en a placé des stars du X dans leurs émissions !* »[1] En jouant de son nom, de son look et de son éducation, « *elle a donné ses lettres de noblesse à ma société* » poursuit-il. Il l'avait d'ailleurs embauchée à cette fin. « *Je l'ai rencontrée lors d'un dîner chez des amis, en 1992. Je me suis dit que son nom nous ouvrirait des portes, que son style serait source de succès pour nous. J'avais vu juste !* »

Ces aventuriers ont beau avoir choisi une voie nouvelle, ils entendent bien faire valoir le plus formidable de leurs atouts : leur nom. Pour bâtir une carrière dans la France du XXIe siècle, il n'est pas inutile de capitaliser sur la fascination qu'exercent toujours, qu'on le veuille ou non, les patronymes issus des livres d'histoire. Et pour une fois, ce sont surtout des histoires de

1. Entretien avec l'un des auteurs.

femme. Sylvie de La Rochefoucauld, qui a été tour à tour attachée de presse dans la mode, les sports automobiles, et même pour l'émission *Disney Parade*, est bien l'une des seules à ne pas en avoir tiré parti. « *Les Américains se foutaient royalement de mes origines, ils m'appelaient Rochefucker ! Dans l'automobile, on se moquait gentiment de moi en m'appelant la duchesse. Quant à Philippe Starck, il me surnomme la reine de France* » raconte-t-elle.

La plupart de ces filles de comtes ou épouses à particule, au contraire, font très sérieusement jouer leur réseau, leur carnet d'adresses, leurs cousinages bien placés. Leur entregent et leur éducation servent les marques qu'elles représentent. Ce sont des entremetteurs de cachet. Elles excellent dans les métiers de représentation par leur éducation peaufinée, leur sens du maintien, de la mondanité. Elles ont su rentabiliser leurs qualités, convertir leurs talents naturels en atouts professionnels, monnayables sur le marché du travail. Bref, elles ont transformé en machine à cash les relations, les manières et le nom.

Voilà pourquoi, souvent, le luxe est associé aux noms prestigieux. Mellerio, la plus ancienne maison de joaillerie au monde, est installée depuis 1815 rue de la Paix, à quelques pas de la place Vendôme. Ici, le prix des bagues, colliers, broches et perles exhibés en vitrine n'est même pas affiché. Un sas électronique permet de rentrer, comme dans une banque. La maison, propriété de la famille Mellerio, est entre les mains de la quatorzième génération. Celle qui représente la marque depuis le départ de Nathalie de la Grandière en 2004, est naturellement à nouveau une aristocrate au joli nom : Diane-Sophie de Raigniac. Cette belle brune, la trentaine pimpante et bavarde, porte au cou une croix argentée et au doigt une ravissante chevalière. « *Je m'obstine à croire que la particule n'a pas d'importance, mais elle a bien un impact* » dit-elle[1]. Certains collègues conseillèrent d'ailleurs à cette jeune mariée de garder son nom de jeune fille. « *Mon éducation est un atout très précieux. Je n'ai pas à me hisser au niveau des clients, j'y suis déjà. Je peux me concentrer sur autre chose que mon langage, ma tenue, mon maintien. C'est inné.* » Après un DESS en gestion des industries du luxe et des métiers de l'art à Nanterre, Diane-Sophie travaille d'abord chez Taittinger – « *Le directeur de la communication était un ami de mes parents* » –, Hermès, puis Baccarat. Fille d'un baron vendéen passionné de généalogie, elle maîtrise l'art des titres de noblesse, « *que l'on précise systématiquement dans nos courriers, sans quoi certains clients le trouverait anormal.* » Quelle est donc cette clientèle ? « *Tout le* Bottin, *tout l'ANF, tout le Jockey* » sourit Diane-Sophie. C'est pourquoi Mellerio est toujours spécialisé dans les bagues de fiançailles, timbales et autres médailles de baptême.

Les femmes aristocrates sont très nombreuses dans le luxe, un univers peu technique où la cooptation fait rage. La maison Chanel en est truffée. Marie-Louise de Clermont-Tonnerre, fille d'un comte diplomate et d'une comtesse, est l'un des piliers de la maison de haute couture depuis près de quarante ans, et vit très différemment de sa cousine éloignée Hermine. Elle travaille de concert avec Adelaide de Waubert, au département relations extérieures.

La liste, là aussi, est impressionnante. Aymone de Faucigny Lucinge et Coligny, épouse de Brantes, a fait sa carrière chez

1. Entretien avec l'un des auteurs.

Hermès, comme la comtesse Éliane de la Béraudière chez Dior. Floriane de Saint-Pierre, fille du comte de Méhérenc de Saint-Pierre, membre du Cercle du bois de Boulogne et de l'Interalliée, ancien de chez Dior Couture, est aujourd'hui à la tête d'un cabinet de conseil en pointe dans le secteur du luxe. Quant à Élisabeth de Feydeau de Saint-Christophe – un patronyme déjà croisé au diocèse de Paris ou dans les grandes banques du pays – elle s'est imposée comme historienne et experte en matière de parfums.

On connaît mieux la très médiatique Inès de La Fressange (Seignard de La Fressange) qui a délaissé les podiums et incarne aujourd'hui la maison de souliers de luxe Roger Vivier. Issue d'une vieille famille de la noblesse d'armes originaire du Velay, c'est elle qui a illustré l'édition 2009 du *Bottin Mondain.* Preuve que le nom est un outil de travail très précieux, elle s'est battue en justice pendant plusieurs années pour disposer à nouveau de l'usage de ses nom, prénom et image, qu'elle a fini par récupérer par un jugement de la Cour d'appel de Paris en 2004. Elle avait perdu ces droits après avoir été licenciée pour faute grave en 1999 de sa société de prêt-à-porter par l'actionnaire majoritaire, François-Louis Vuitton[1]. Béatrice de Plainval est considérée comme l'âme du joaillier Chaumet depuis quarante ans. Elle se serait battue avec son mari pour conserver son nom de femme mariée après son divorce. Marie de Foucaud gère les relations médias chez le joaillier Boucheron, comme Caroline de Laurens chez Baccarat, où Raphaëlle le Bègue de Germiny officie à l'événementiel.

1. Elle avait vendu un dessin illustrant une boîte de La Jouvence de l'Abbé Soury.

Les fils et filles de la noblesse contribuent à construire l'image de marque de l'entreprise. Au point qu'une responsable eut un jour le sentiment de « *sauver* [s]*a peau grâce à* [s]*a particule* », et qu'une autre entendit un jour : « *Cela vous aurait bien aidé dans votre carrière d'avoir la friandise.* » Le produit est fin, stylé, rare ? La personne qui le présente doit l'être aussi. « *Il faut répondre aux désirs des clients, non à leurs besoins. Il s'agira de jouer sur le mental plus que sur le matériel* » écrit une observatrice [1]. Les responsables de la communication doivent donc maîtriser les codes de l'étiquette, adopter une certaine « luxe attitude ». Et puis cela rassure, flatte la clientèle d'avoir affaire à une comtesse. Une origine aristocratique ne constitue plus un ticket d'entrée. Mais le carnet d'adresses supposé, le goût du savoir-vivre, l'héritage et le patrimoine sont des notions importantes. Et qui mieux pour incarner le *made in France* qu'une Clermont-Tonnerre ?

Certains ont même transformé leur nom en marque, comme le prince Louis-Albert de Broglie, autoproclamé « Le prince jardinier » avec la marque éponyme [2]. Comme la chanteuse princesse Erika, qui est une véritable princesse camerounaise et souhaitait capitaliser dessus. L'humoriste Charlotte de Turckheim a tourné son film *Les aristos* grâce à sa connaissance intime du milieu. Elle intègre souvent dans ses sketchs des choses vues et entendues dans l'aristocratie française. Aucun doute que les titres, particules et le prestige d'un nom fonctionnent dans le monde de la communication moderne. De nombreux produits surfent d'ailleurs sur la vague aristocrate, comme les chocolats La marquise de Sévigné ou le foie gras Comtesse du Barry.

---

1. *Les marques de luxe face à l'engouement du grand public*, Aurélie Ati Kent.
2. Lire chapitre 3.

Au *Figaro* et à M6, la danse des particules

Le Monde est-il une exception ? Le quotidien du soir ne compte aucun aristocrate dans sa direction, aujourd'hui comme hier. À l'inverse, son concurrent *Le Figaro*, très apprécié dans la haute société et clairement positionné à droite, en regorge, et ce depuis sa création ! « *Les Dassault adorent les noms à tiroir* » glisse une connaisseuse. On veut bien la croire. Dans les années soixante et soixante-dix déjà, le père de Serge, Marcel, avait mis à la tête de son magazine *Jours de France* – à mi-chemin entre *Point de Vue* et *Le Figaro Madame* –, un certain nombre de particules. Comme Hervé des Vallières, dessinateur humoristique connu sous le nom d'Hervé. La Socpresse, le grand groupe de presse dont le navire amiral est *Le Figaro*, fut longtemps dirigée par Yves de Chaisemartin. À cinquante et un ans – il en fait dix de plus – l'homme reçoit dans un bon restaurant de la banlieue ouest, en présence de sa femme et de son gendre, Évrard de Ponnat. C'est un personnage énigmatique, au regard malicieux, retranché derrière une apparente bonhomie. Peu bavard avec les inconnus, il élude les questions qui ne l'intéressent pas ou le dérangent. Il a été pendant des années l'éminence grise de Robert Hersant, rebaptisé « Papivore » parce qu'il rachetait un à un les titres français. « *"Dans dix ans, je ferai de vous le plus grand dirigeant de ce groupe", voilà ce que Hersant m'a dit de but en blanc.* » Son ascension, un peu trop rapide aux yeux des baronnies qui se partagent le pouvoir, lui vaut le surnom de « Trônemartin ». « *Hersant était gêné par ma particule, il pensait que nous n'étions pas du même monde* » se souvient « Chaise ».

Plusieurs aristocrates se succèderont à la tête de la Socpresse : l'ancien sénateur Louis de Froissard de Broissia, en tant que directeur délégué, ou encore le comte Michel d'Ornano, ancien ministre, au poste de vice-président. Le quotidien lui-même, l'un des plus vieux au monde, a vu défiler à des postes stratégiques Jean de Belot, Jean d'Ormesson, Patrick de Carolis *(Figaro Magazine)*, Arnaud de Puyfontaine, Patrice de Plunkett.

Actuellement, les deux suppléments hebdomadaires du journal (fournis par un groupe concurrent) sont dirigés par des aristos pur jus : la princesse Constance Poniatowski, la femme du sénateur, dirige la rédaction de *Version Femina*, et Jean-Guillaume d'Ornano, membre du Jockey Club (et fils du ministre), dirige celle de *TV Magazine* en plus d'être la particule à la tête du groupe Le Particulier Éditions, racheté par le groupe Le Figaro en mai 2009.

Et au sein du quotidien, chaque service est dirigé par un noble : Luc de Barochez gère le site Web Lefigaro.fr, Étienne de Montety est à la tête du *Figaro Littéraire*, le vicomte Yves Audren de Kerdrel à celle du *Figaro Patrimoine*. Ce journaliste est membre du comité d'éthique du Medef, lieutenant de vaisseau de réserve et membre du Jockey. Sans oublier Paul-Henri du Limbert qui dirige les journalistes des services politique, société et sciences, et Gaëtan de Capèle, un bras droit du directeur de la rédaction. « *Les Capèle sont soixante-dix dans la vie active, dont une trentaine dans la presse* » note un de ses proches. Un vrai clan ! On ne parle là même pas des « simples » plumes, comme Béatrice de Rochebouët, Bertrand de Saint-Vincent, Hervé de Saint-Hilaire, etc. La nouvelle assistante d'Étienne Mougeotte n'est autre qu'une toute jeune Rochemonteix.

La cooptation, notamment familiale, fait rage. À croire que seuls les fils et filles de ministres, députés, grands pontes de la médecine et journalistes – aristocrates évidemment – sont dignes de signer dans les nobles colonnes du quotidien. Sophie de Ravinel (service politique) est issue d'une famille qui compte de nombreux députés, préfets et conseillers généraux. Laurence de Charette (service justice) est la propre fille de l'ancien ministre UDF des Affaires étrangères, toujours député et maire. Elle aussi est rentrée au quotidien grâce à Yves de Chaisemartin, dont le fils Jean-Yves a été président des jeunes UDF. Une coïncidence ? Certainement pas. Anne-Charlotte de Langhe, qui vient d'être promue à la tête du *Figaroscope*, n'est autre que la nièce de Jean de Belot, ancien directeur de la rédaction. « *Il n'existe aucune transparence dans le processus d'embauche. Chaque fois qu'un journaliste jeune, voire très jeune, accède à un poste important au nez et à la barbe de confrères plus légitimes ou expérimentés, sans avoir eu à prouver ses talents, on apprend tôt ou tard qu'il s'agit du fils ou du neveu d'untel* » commente, sous couvert d'anonymat, une journaliste en interne.

Arlette de la Loyère, collaboratrice dévouée d'Alain Peyreffite, entrée au quotidien en 1983, explique même qu'« *il est forcément plus facile de placer un papier d'Anne de Lacretelle, épouse du comte de Labriffe, fille d'académicien, petite-fille de diplomate et arrière-petite-fille de député, que celui d'un Éric Dupont ! Son nom est synonyme de culture, d'érudition. Il dit quelque chose aux lecteurs, parmi lesquels on trouve un paquet de noms à tiroir. Ils savent qu'elle ne va pas écrire n'importe quoi. Robert Hersant pensait ainsi, Étienne Mougeotte aussi !* »[1]

Au point que certains rédacteurs roturiers se sentent freinés dans l'évolution de leur carrière. « *Le journal est truffé de grandes*

1. Entretien avec l'un des auteurs.

familles qui ont en commun d'appartenir à une certaine classe sociale, d'être dotées d'une certaine richesse, de valeurs, qui partagent une vision particulière de la société française. Clairement, j'ai compris lors de négociations parfois cruciales pour ma carrière que le fait de ne pas maîtriser leurs codes et de ne pas appartenir au sérail me disqualifiait. C'est un peu comme se retrouver dans un prestigieux restaurant avec une quinzaine de couverts autour de votre assiette dont vous ne savez que faire » explique une journaliste. Son constat est sans appel : « *Sans pedigree, point de salut.* »

Plus étonnant, M6 est en train de devenir le nouveau royaume des particules, depuis qu'un certain Nicolas du Bellet de Tavernost, baron de son état, en a pris les rênes. Selon un collaborateur, « *il doit y avoir au moins une dizaine d'aristocrates sur une cinquantaine de proches collaborateurs* », soit près de 20 % ! Au directoire, ils sont deux (sur quatre) : le baron en personne et le membre de l'ANF Éric Broch d'Hotelans, un proche que Tavernost a fait venir. Au conseil de surveillance, présidé par Albert Frère, baron de Gerpinnes, ils sont deux aussi (sur treize) : Vincent de Dorlodot et Guy de Panafieu (le mari de Françoise). C'est d'ailleurs Panafieu qui avait repéré Tavernost aux PTT dans les années quatre-vingt, puis l'avait engagé à La Lyonnaise des eaux pour travailler sur la reprise du sixième réseau de télévision hertzienne. Plusieurs filiales sont confiées à des hommes au sang bleu : Frédéric de Vincelles officie à W9, et un autre Frédéric, Ansart de Lessan cette fois, à M6 Interactions. Pendant des années, Jean d'Arthuys a été le « mousquetaire » de Tavernost – son surnom en interne –, c'est-à-dire « *son éminence grise, son confident et son pompier.* » Ce fils de baron a notamment dirigé plusieurs filiales du groupe dont TF6, M6

Thématique, Paris Première, Téva ainsi que le Football Club des Girondins de Bordeaux cher au cœur de son mentor. Son entretien d'embauche a duré quelques minutes. Le courant est passé d'emblée entre les deux hommes. Ils se sont vite découvert des connaissances communes, des souvenirs de réceptions familiales, un goût commun pour le golf. Et puis d'Arthuys était bien recommandé. C'est Guy de Panafieu, actionnaire de M6 et ami de son père, qui a joué les entremetteurs. Tavernost voulait des références, Panafieu s'est porté garant de son poulain. Le lundi suivant à huit heures, Jean d'Arthuys avait son bureau.

Avec sa tignasse blonde, son menton carré et son côté bien élevé mais décontracté, Yann de Kersauson, la quarantaine, est aujourd'hui directeur adjoint de la communication de la chaîne, après avoir été chef de cabinet du *big boss* en personne. Il ne cesse de grimper dans l'organigramme. Yann fait partie de ces jeunes de bonne famille, au physique avantageux, lui aussi recruté en quelques minutes à peine par Tavernost. Pourtant, son parcours ne le prédisposait aucunement à réaliser une telle carrière dans l'audiovisuel. De son propre aveu, il ne connaissait rien à la télévision française ni au business et encore moins au football. Et pour cause. Fils de militaire, Kersauson grandit à l'étranger. Il voulait être attaché parlementaire auprès d'un député, il sera finalement diplomate, à l'ambassade de France à Vienne d'abord puis à Ljubljana en Slovénie, avant de devenir analyste stratégique au ministère de la Défense puis chercheur à l'International Institute for Strategic Studies à Londres. Un cursus aux antipodes de la frivolité médiatique. Seulement voilà, il bénéficie du meilleur des parrains, en la personne de... Jean d'Arthuys. À l'âge de vingt ans, ce fou de voile avait assisté dans ses courses l'oncle de Yann, Olivier de Kersauson. D'Arthuys était devenu un ami du grand frère de Yann. Il le reçoit, le fait venir dans l'entourage de Tavernost qui cherche alors un homme de confiance. Un mot favorable sur lui à Nicolas, et le voilà aussitôt embauché. Sans expérience ni diplôme spécifiques. Parallèlement, un autre ami de la famille, Yves-Thibault de Silguy, alors membre du conseil de surveillance de la chaîne, le recommande aussi auprès de Nicolas. Décidément, M6 mène une politique de ressources humaines « très particuliaire »...

Pourquoi autant d'aristocrates se bousculent-ils à Neuilly-sur-Seine, dans les bureaux de la petite chaîne qui monte ? « *Ça n'est pas le fruit du hasard. Tavernost a le sentiment de s'encanailler dans les médias où la parole est vaine, où le sens de l'honneur n'existe pas,* explique un collaborateur, lui-même fils d'une grande famille. *Cela le rassure de s'entourer de gens du même milieu, partageant* a priori *les mêmes valeurs.* » Peut-être est-ce aussi un moyen de rassurer sa famille. Bonne éducation et savoir-vivre ont de l'importance aux yeux du baron de M6. Si la particule n'exonère pas d'un CV solide, elle peut favoriser une carrière dans le *top management* de M6. Tavernost admet en interne préférer se faire représenter à l'extérieur par un sang bleu. La situation fait jaser. Plusieurs collaborateurs, qu'ils soient aristos ou non, se sont même mis à arborer une chevalière à l'annulaire de la main gauche lors de réunions importantes, voyant que le patron en portait une. « *Ils pensaient sans doute qu'ils auraient de l'avancement !* » s'amuse un observateur. En tout cas, le grand patron de M6 réputé économe et sans pitié, a su se montrer généreux avec certains de ses soldats. En 2006, au moment de la fermeture des rédactions locales de M6 à Rennes et Nantes, toutes deux gérées en partenariat avec *Ouest-France*, Tavernost a accepté de partager la moitié des frais de licenciement de la dizaine de journalistes évoluant sous la houlette de son ami Antoine de Tarlé. L'autre équipe, elle, n'aura droit à rien.

Nicolas de Tavernost ou une certaine conception féodale de la gouvernance. Il y a un peu de son père Antoine dans ce visage anguleux, ce père patron de presse, ami de Chaban-Delmas, que l'on surnommait localement « le baron rouge ». Nicolas, lui, est surnommé *« sa majesté cathodique »*, il a *« sa cour »*, *« il protège férocement les siens »*, tout en ayant *« une grande pudeur vis-à-vis de l'argent »* qui est bien l'un des seuls domaines qu'il délègue. *« Il y a un mélange de paternité et d'autorité à l'ancienne chez Tavernost »* souligne un ancien bras droit. Il protège d'ailleurs jalousement son présentateur vedette, Bernard de La Villardière. *« Il y a entre eux une communauté de pensée »* assure un collaborateur. Il se dit aussi que « sa majesté cathodique » confierait bien à la fin de son mandat à la tête de France Télévisions une émission à Patrick de Carolis. Pour l'anecdote, ce dernier est en grande partie devenu le confident privilégié de la première dame de France, Bernadette Chirac, en grande partie grâce à ses origines. C'est en effet à la suite d'une brève rencontre sur le plateau de l'émission *Des Racines et des Ailes* qu'elle lui a confié l'écriture de ses mémoires. Elle l'avait trouvé *« sympa et bien élevé »*[1].

Les aristos des médias forment une joyeuse bande d'amis ou de cousins qui se cooptent les uns les autres. Constance Poniatowski, femme du sénateur, a été recrutée par Roquemaurel.

---

1. *L'Expansion*, 1er février 2002.

Chaisemartin a recruté Jean de Belot et Louis de Broissia. Arnaud de Contades, actuel patron du groupe de presse Marie-Claire, est le fils du marquis Arnold, qui fut directeur général adjoint de *Paris Match* et directeur délégué du *Journal du Dimanche*. Tous les deux sont au Jockey. Sylvie de la Rochefoucauld a d'abord travaillé comme attachée de presse pour l'agence du marquis Jean-Charles de Castelbajac... son cousin. C'est pratique ! Ensemble, ils partent à la campagne et chassent. Fabrice de Rohan-Chabot a monté son journal *Technikart* avec son acolyte Guillaume de Roquemaurel, cousin du PDG d'Hachette Filipacchi Médias. Les deux compères ont beau revendiquer leur indépendance, ils collaboraient jusqu'en 2007 avec Interdeco, la régie publicitaire d'HFM. Dans un milieu qui ne fonctionne qu'au réseau, où les CV et petites annonces n'existent pas, les aristos n'ont jamais eu autant d'avenir.

Cette joyeuse bande se serre les coudes aussi en cas de coup dur. L'histoire de Bruno de Stabenrath, issu d'une grande famille de la noblesse d'Empire, est éloquente. Ce fils d'officier, fervent *jet-setter* en plus d'être acteur, ceinture noire de karaté et chroniqueur à *TéléObs*, a eu un terrible accident de voiture à l'âge de trente-cinq ans. Le dimanche 17 mars 1996, il passe la journée chez une amie, Ambroisine de Haut de Sigy, dans le château de ses parents, non loin de Provins, pour fêter son anniversaire avec ses proches. Après une partie de tennis, il reprend la route, suivi d'une bande de copains, au volant d'une voiture de collection : une Mercedes de 1971. Une plaque de verglas, plusieurs tonneaux et le voilà tétraplégique. « *Tantes, oncles, cousins, y compris ceux à la mode de Bretagne, tout le monde s'y est mis, j'ai la chance d'avoir une famille très nombreuse* » explique aujourd'hui

Bruno[1]. Les copains de la nuit, mais aussi les amis du rallye répondent présents. Au total, cinq cents personnes se mobilisent, notamment pour l'aider financièrement car il n'a pas de sécurité sociale. Pendant qu'il est en réanimation à l'hôpital avec un pronostic vital engagé, ses proches organisent une messe. L'église de Neuilly-sur-Seine sera pleine à craquer. Quelques temps plus tard, un comité de soutien à Bruno de Stabenrath, baptisé STAB, formalise ces soutiens. La liste de ses membres témoigne de l'entraide en vigueur dans ce milieu. Ils ont pour nom Saint-Bris, Kergorlay, Lestrange, Gramont, Turckheim, Rougemont, von Meier, Boismenu, Blanpré. On y trouve même Marie-Laure de Villepin, épouse de Dominique. Treize ans après l'accident, un groupe Facebook rassemble encore plus de quatre cents membres : des Chavagnac, du Couedic, Courson, Flers, Costa de Beauregard, Riberolles, Saint-Hilaire, et même Jean-Charles de Castelbajac. Bruno a dédié son roman *Cavalcade*[2], inspiré de sa vie, au « clan Stab ». Qui n'a jamais oublié l'un des siens.

1. Entretien avec l'un des auteurs.
2. Robert Laffont, 2003.

Conclusion

SUBTIL ET INTERNATIONAL

L'aristocratie française du début du XXIe siècle, deux cent vingt ans après l'abolition de l'Ancien Régime, n'est plus une caste, encore moins un ordre. « Les meilleurs » – aristocrates au sens grec du terme – se sont reconvertis en un réseau, mais un réseau bien particulier. Rien à voir avec le réseau franc-maçon, les anciens trotskistes ni avec les énarques. Le réseau aristo est subtil, évanescent, insaisissable. Les héritiers de l'aristocratie millénaire française – et même centenaire – ont, parfois mieux que certaines catégories de la population, épousé le mouvement de la modernisation économique et sociale, la mondialisation. Leurs codes, leurs valeurs, leurs enracinements restent inscrits dans l'histoire. Leurs affaires, leurs habitudes, leurs engagements ont changé, discrètement.

Un des personnages de ce livre l'évoque parfaitement, un parmi d'autres : Stanislas de Bentzmann, l'héritier-entrepreneur d'une antique lignée périgourdine. Dans son franglais devenu sa langue de travail (il chapeaute, avec son frère Godefroy, quatre mille cinq cents salariés dans le monde entier), il annonce sans ostentation : « *Le* network *existe mais il est* light. »[1] Traduction : il existe bel et bien un réseau aristo, mais en définir les contours

1. Entretien avec l'un des auteurs.

est extrêmement complexe. Le sociologue dirait que ce réseau est fait d'appartenances exclusives : le Jockey Club, l'ANF, la Demeure historique, les chasses, l'Ordre de Malte... Le journaliste constate qu'il est aussi nourri de comportements et d'un mode relationnel particulier : savoir se tenir en société, évoluer dans des métiers, comme la banque ou la politique, parler le même langage, privilégier un nom croisé un jour dans le *Bottin*, etc.

La complexité de l'aristocratie aujourd'hui est là. Les clichés sont, parfois, des réalités. Les codes de familles ancestraux, ces familles qui gardent l'idée qu'elles ont une mission à remplir à l'égard de la population, sont encore très présents. Mais les héritiers des grandes familles savent aussi investir les meilleures écoles, voyager, apprendre plusieurs langues, se préparer à diriger leur propre existence professionnelle ou, souvent, celles des autres. « *Je sais d'où je viens, et cela me donne de la fierté, mais je sais aussi que cette appartenance me sera utile si je sais l'utiliser* » nous dit Guillaume de Dampierre, un héritier d'une des plus antiques familles de France, tout récemment revenu de sa formation d'ingénieur à l'Université de Karlsrhue en Allemagne [1].

L'aristocratie exerce bel et bien une forme de pouvoir au sein de la France du XXIe siècle, au cœur du Cac 40, au centre de la Ve république. Mieux : notre enquête démontre que ce pouvoir, cette présence influente, se renforcent avec le temps. Les aristos de « Gotha City » ne complotent pas contre la République. Au contraire, ils se sont magnifiquement fondus dedans. Sans forcément posséder une conscience aiguë du phénomène. Dans ce milieu où la discrétion est une valeur cardinale, à mille lieues du

1. Entretien avec l'un des auteurs.

bling-bling des nouvelles classes aisées, nous avons été reçus avec chaleur, cordialité, parfois un rien de méfiance, mais les La Rochefoucauld, Vogüé, Polignac, Giscard d'Estaing, Chodron de Courcel, Capelle, Tarlé, Chaisemartin, Rohan-Chabot, Walewski, Beauregard, ne nous ont jamais claqué la porte au nez.

Ce voyage dans la galaxie aristo, aussi surprenant soit-il, n'est pas innocent. Qu'on le veuille ou non, l'aristocratie française, comme les familles royales de nos voisins, fascine. Elle évoque irrésistiblement le témoignage d'une France éternelle, celle de l'Ancien Régime, d'un ordre discret mais immuable faisant figure de totem nostalgique, d'une époque révolue, presque légendaire.

Le phénomène est européen. Plus de deux siècles après les premières révolutions – 1789 en tête –, les familles nobles continuent d'exercer un certain attrait dans tous les pays de l'Union. La particule – c'est ainsi ! – en impose. Et au cœur de la mondialisation, l'Europe aristocrate n'aura jamais été aussi active pour faire fructifier son capital social ainsi que sa fortune. En Italie, les Massimo, les Borghèse, les Frescobaldi, les Gherardesca ont refait fortune dans le patrimoine, le vin et la finance. En Grande-Bretagne, les immenses propriétaires terriens, les Bedford, Richmond, Goodwood, tous ces lords sont entrés depuis des lustres dans l'*entertainment* ou les affaires. L'Europe aristocrate est un monde vivant et puissant en 2009. Ne serait-ce que parce que l'Union compte encore dix monarchies, qui créent chaque année de nouveaux titulaires, souvent issus du monde du divertissement (Sir Sean Connery) ou des affaires (baron Albert Frère). Nous pourrions écrire un *Gotha City II : la conquête de l'Europe*, les conclusions seraient les mêmes.

Remerciements

Ce voyage au sein de l'aristocratie française de 2009 n'aurait pas été possible sans les intéressés eux-mêmes, ainsi que d'autres connaisseurs de ce monde très particulier.

Qu'ils soient ici remerciés :

Blanche de Kersaint, directrice du *Bottin Mondain*

Stephen de Chappedelaine, secrétaire général de l'ANF

Pierre de Raffin, vice-président de l'ANF

Guy de Raffin, directeur général adjoint de Finaref

Françoise de Castilla, fondatrice des Rallyes Châteaux

Bernard de Polignac, expert immobilier

Henri Bovet, ancien directeur des Éditions Tallandier

Casimir de Blacas d'Aulps, avocat international et proprié taire du château d'Ussé

Stanislas de Blacas d'Aulps, membre du Polo

Henri de Raincourt, ministre du gouvernement Fillon IV

Louis Giscard d'Estaing, député

Roland du Luart, vice-président du Sénat

André Lewin, ancien ambassadeur

Arnaud Teyssier, président de l'Association des anciens élèves de l'Éna

Christophe Lorgnier du Mesnil, secrétaire général du Saint-Hubert Club de France

Thierry Coste, lobbyiste, Fédération nationale des chasseurs

Antoine Hébrard, président du *Who's Who*

Denis de Kergorlay, président d'Europa Nostra

Jean de Lambertye, président de la Demeure historique

Jeanne-Françoise de Polignac, ancienne présidente de Standard & Poor's France

Yves-Thibault de Silguy, président de Vinci

Marc Ladreit de Lacharrière, président de Fimalac

Jean-Dominique Sénard, co-gérant du groupe Michelin

François de Cossé-Brissac, président du Jockey Club

Charles-André de Cossé-Brissac, gérant du château de Brissac

François de Ricqlès, président de Christie's France

Jean-Charles de Yturbe, vice-président de Havas

Dominique de La Rochefoucauld-Montbel, président de l'Association française de l'Ordre de Malte

Alain de Tonquédec, secrétaire général de l'Association française de l'Ordre de Malte

Henry de Lesquen du Plessis Casso, président du Club de l'Horloge

Hermine de Clermont-Tonnerre, fondatrice de l'agence HCT

Catherine Jubin, directrice de l'Association des professionnels du luxe

Diane-Sophie de Raigniac, responsable communication de Mellerio International

Sylvie de La Rochefoucauld, PDG de l'agence Zéro Virgule

Marie-Laurence de Rochefort, attachée de presse de la société Marc Dorcel

Yves de Chaisemartin, président du directoire d'Altran

Antoine de Tarlé, président du directoire des éditions Ouest-France

Stanislas de Bentzmann, co-président de Devoteam

Guillaume de Dampierre, Champagne Comte Audoin de Dampierre

Bruno de Stabenrath, *jet-setter*, auteur, chroniqueur, acteur

Ainsi qu'à toutes les personnes ayant préféré s'exprimer anonymement.

Les auteurs remercient également leurs éditeurs Yves Derai et Gabrielle de Préval.

Une mention particulière pour mon historienne personnelle, Sophie S., qui a assuré une relecture orthographique et historique intégrale du manuscrit.

B.S.

Et un clin d'œil à Stanislas M., au cœur si noble. Merci pour ta patience et ton enthousiasme jamais démentis.

L.dC.

Table des matières

Cet ouvrage a été imprimé par

CPI
Firmin Didot

Mesnil-sur-l'Estrée

pour le compte des Éditions du Moment
en novembre 2009

ISBN : 978-2-35417-056-1
Dépôt légal : novembre 2009
N° d'impression : 97119

Imprimé en France